Beethoven

Série Biografias **L&PM** POCKET:

Albert Einstein – Laurent Seksik
Andy Warhol – Mériam Korichi
Átila – Éric Deschodt / Prêmio "Coup de coeur en poche" 2006 (França)
Balzac – François Taillandier
Baudelaire – Jean-Baptiste Baronian
Beethoven – Bernard Fauconnier
Billie Holiday – Sylvia Fol
Buda – Sophie Royer
Cézanne – Bernard Fauconnier / Prêmio de biografia da cidade de Hossegor 2007 (França)
Che Guevara – Alain Foix
Dostoiévski – Virgil Tanase
Freud – René Major e Chantal Talagrand
Gandhi – Christine Jordis / Prêmio do livro de história da cidade de Courbevoie 2008 (França)
Henry David Thoreau – Marie Berthoumieu e Laura El Makki
Jesus – Christiane Rancé
Jimi Hendrix – Franck Médioni
Júlio César – Joël Schmidt
Kafka – Gérard-Georges Lemaire
Kerouac – Yves Buin
Leonardo da Vinci – Sophie Chauveau
Lou Andreas-Salomé – Dorian Astor
Luís XVI – Bernard Vincent
Marilyn Monroe – Anne Plantagenet
Martin Luther King – Alain Foix
Michelangelo – Nadine Sautel
Modigliani – Christian Parisot
Napoleão Bonaparte – Pascale Fautrier
Nietzsche – Dorian Astor
Oscar Wilde – Daniel Salvatore Schiffer
Pasolini – René de Ceccatty
Picasso – Gilles Plazy
Rimbaud – Jean-Baptiste Baronian
Shakespeare – Claude Mourthé
Van Gogh – David Haziot / Prêmio da Academia Francesa 2008
Virginia Woolf – Alexandra Lemasson

Bernard Fauconnier

Beethoven

Tradução de PAULO NEVES

www.lpm.com.br

L&PM POCKET

Coleção **L&PM** POCKET, vol. 1027
Série Biografias/25

Texto de acordo com a nova ortografia.
Título original: *Beethoven*

Primeira edição na Coleção **L&PM** POCKET: março de 2012
Esta reimpressão: março de 2020

Tradução: Paulo Neves
Capa e projeto gráfico: Editora Gallimard
Ilustrações da capa: Beethoven regendo *Missa Solemnis*, pintado por Joseph Karl Stieler (1819) © Rue des Archives/RDA (acima). Página de abertura de partitura de Beethoven (abaixo).
Preparação: Gustavo de Azambuja Feix
Revisão: Marianne Scholze

CIP-Brasil. Catalogação na Fonte
Sindicato Nacional dos Editores de Livros, RJ

F266b

Fauconnier, Bernard, 1955-
 Beethoven / Bernard Fauconnier; tradução de Paulo Neves. – Porto Alegre, RS: L&PM, 2020.
 208p.   (Coleção L&PM POCKET; v. 1027)

 Tradução de: *Beethoven*
 Apêndice
 Inclui bibliografia
 ISBN 978-85-254-2579-9

 1. Beethoven, Ludwig van, 1770-1827. 2. Compositores - Alemanha - Biografia. I. Título. II. Série.

12-0151.   CDD: 927.8168
       CDU: 929:78.071.1

© Éditions Gallimard 2010

Todos os direitos desta edição reservados a L&PM Editores
Rua Comendador Coruja, 314, loja 9 – Floresta – 90.220-180
Porto Alegre – RS – Brasil / Fone: 51.3225.5777

PEDIDOS & DEPTO. COMERCIAL: vendas@lpm.com.br
FALE CONOSCO: info@lpm.com.br
www.lpm.com.br

Impresso no Brasil
Verão de 2020

Para Aurélie

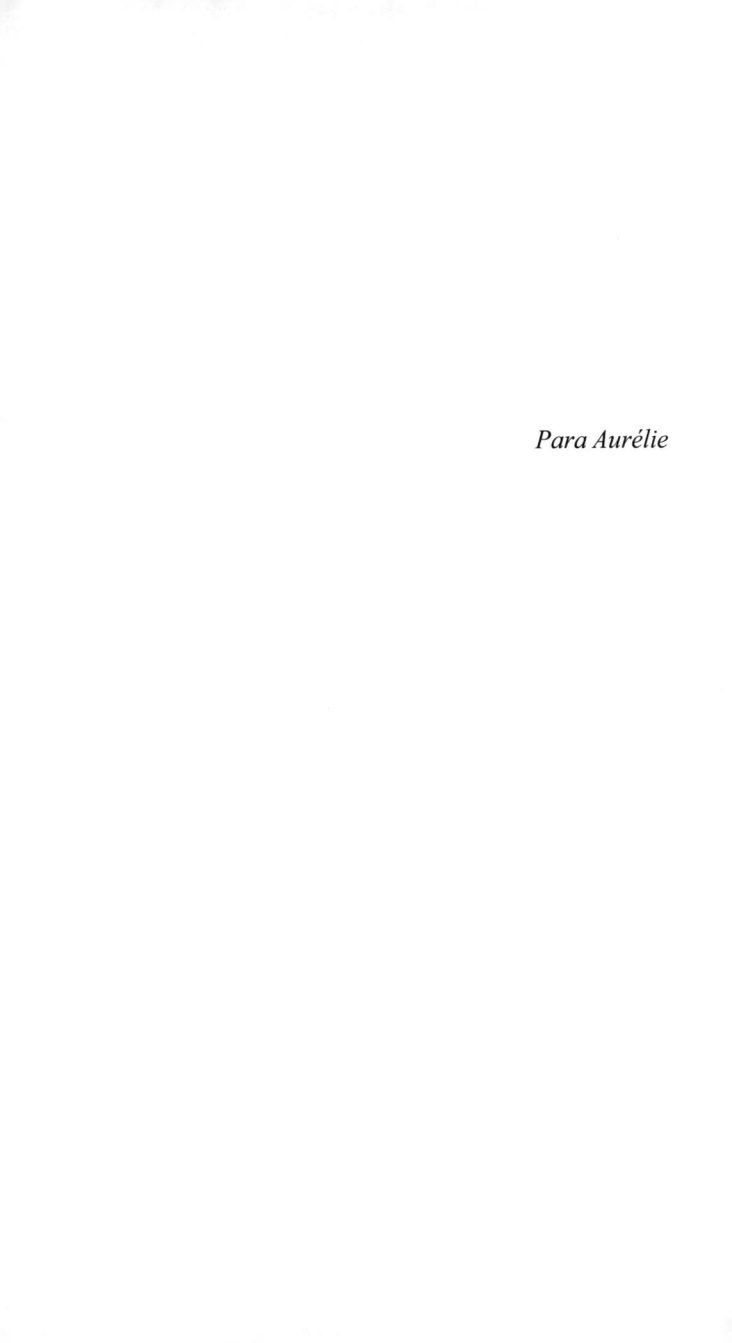

Sumário

Uma infância tenebrosa / 9
Um jovem na corte / 21
Papai Haydn / 30
Amores, amizades... / 44
Os anos de crise / 52
Uma nova família / 60
Heiligenstadt / 67
O tempo da *Eroica* / 77
A "novela" *Fidelio* / 86
Rupturas / 94
Uma apoteose / 104
Dias de guerra / 109
Bettina e Goethe / 113
A Bem-Amada Imortal / 121
Depressão / 130
Karl / 135
Uma missa para a humanidade / 146
A *Nona Sinfonia* / 158
Cantos do cisne / 168
Matar o pai / 176
Último combate / 181

ANEXOS
Cronologia / 189
Referências / 192
Discografia / 194
Notas / 196
Sobre o autor / 204

Uma infância tenebrosa

O personagem de Ludwig van Beethoven parece zombar abertamente dos supostos determinismos da genética e da hereditariedade. Esse filho de um cantor alcoólatra e de uma mãe tuberculosa, cercado de irmãos ineptos e às vezes maldosos, mais tarde de um sobrinho decepcionante para seus critérios exigentes que beiravam a tirania, esse homem sofrido de caráter indomável só tinha uma solução para escapar aos vícios do seu meio: ser um gênio.

Isso vinha a calhar: o romantismo nascido das Luzes e da Revolução Francesa estava se apropriando da palavra para seu uso próprio – gênio, herói, é a mesma coisa. Beethoven não tarda a perceber onde está sua chance. Seus dons são evidentes, sua vontade inabalável, e ele logo crê no seu destino, como os heróis de Schiller ou de Goethe, como os "grandes homens" cujos modelos encontrará na obra *Vidas paralelas*, de Plutarco...

As condições nas quais aprende música poderiam tê-lo desestimulado para sempre; o papel de macaquinho amestrado ou de menino prodígio que o pai decide fazê-lo desempenhar na esteira de Mozart teria sido o melhor meio de lhe cortar as asas se ele não tivesse sabido afirmar, pela força da vontade e a conjuntura de circunstâncias felizes, sua têmpera excepcional, sua personalidade poderosa, mistura de brutalidade e de melancolia, de delicadeza sensível e de ambição desmedida.

Beethoven não pode viver fora do desejo devorador de criar, de oferecer aos homens, a si mesmo, a seus ideais de liberdade, talvez mesmo à ideia muito pessoal que faz de Deus, uma obra inusitada, nova, que perturba e surpreende. É daqueles raros artistas essenciais que não deixam sua arte no estado em que a encontraram. Em música, há um antes e um depois de Beethoven, como em pintura há um antes e um depois de Cézanne... O jovem compositor segue ainda as pegadas de Mozart e de Haydn, alguns de seus mestres. Já o homem amadurecido está totalmente noutra parte, impõe composições de uma ousadia e de uma força que às vezes chocarão seus contemporâneos e o afastarão do público, embora sua popularidade permaneça intacta. O "último Beethoven" deixa obras testamentárias de uma profundidade assombrosa, inesgotável, que preparam, anunciam, indicam o caminho da música para os dois séculos seguintes. Pois ainda não se disse tudo sobre Beethoven, nem sobre sua vida, às vezes enigmática, nem sobre sua obra, visionária, profética e, no entanto, tão próxima de nós.

Ludwig van Beethoven nasceu em Bonn, no número 515 da Bonngasse, em 17 de dezembro de 1770.

Bonn é a capital dos príncipes eleitores de Colônia, que têm uma função ao mesmo tempo eclesiástica e secular. A Alemanha é então um país sem coesão política, dividido numa série de pequenos Estados. Bonn depende de Viena, sede do Sacro Império Romano Germânico e residência dos Habsburgo. É uma pequena cidade de cerca de doze mil habitantes, situada às margens do Reno. Nenhuma indústria: ali vivem artesãos, funcionários, cortesãos do príncipe eleitor, nessa província tranquila, cercada de uma natureza harmoniosa cuja beleza marcará Ludwig. Esse pequeno Estado é dirigido por Maximiliano Frederico, príncipe aberto às ideias novas das Luzes. Como observa o barão Caspar Riesbeck:

> O governo atual do arcebispado de Colônia e do bispado de Munster é sem dúvida o mais esclarecido e o mais ativo de todos os governos eclesiásticos com que conta a Alemanha. O Ministério da Corte de Bonn é dos melhores. Criar ótimos estabelecimentos educativos, encorajar a agricultura e a indústria, extirpar toda espécie de monastério, esses eram os mais notáveis empreendimentos do gabinete de Bonn.[1]*

Nessa pequena cidade, as ideias da *Aufklärung* são acolhidas com benevolência, e as artes, sobretudo o teatro e a ópera, gozam de uma predileção particular. Apesar de um

---
* As notas numeradas encontram-se no final do livro, p. 196. (N.E.)

meio familiar pouco propício, toda a infância de Beethoven se banhará nessa atmosfera liberal e esclarecida: é nela que se fundam essencialmente seus ideais estéticos e humanos. Os homens são mais filhos de seu tempo do que de seus pais.

A família, justamente. O avô de Beethoven, também com o prenome Ludwig, instalou-se em Bonn em 1734, vindo de Flandres. Estudou música em Mechelen, passou um tempo em Leuven e em Liège antes de ser contratado na corte de Bonn e de casar-se com Maria-Josepha Poll. O nome Beethoven, de uma sonoridade grandiosa e sombria, agora ligado para sempre a algumas das mais belas páginas de música jamais escritas, significa simplesmente, em flamengo, "campo de beterrabas".

Acontece que o talento salta uma geração. Ludwig, o avô, é um homem notável, unanimemente respeitado em Bonn. É a alma da vida musical da cidade e administra com tato um pequeno comércio de vinhos que lhe garante um confortável suplemento de renda, sendo seu cargo de músico na corte pouco lucrativo. Do casamento com Maria-Josepha nascem três filhos, dos quais só um sobreviverá, Johann, pai de Ludwig. Sabemos que o jovem Ludwig terá uma grande afeição pela memória desse avô, que morre quando o menino tem apenas três anos de idade. Wegeler, melhor amigo de Ludwig e seu primeiro biógrafo confiável, escreve:

> A impressão precoce que recebeu dele foi sempre forte em Ludwig, que gostava de falar do avô a seus amigos de infância. [...] Esse avô era um homem baixo, robusto, com olhos muito vivos. Era muito estimado como artista.[2]

Quanto a Johann... Poucos pais de "grandes homens" têm uma reputação tão execrável como a desse músico sem talento, desse pai descrito seguidamente como um monstro, pelo menos como um bêbado irresponsável, o que parece verídico. Ele teve a quem puxar: a própria mãe de Johann, Maria-Josepha, era uma alcoólatra conhecida e morreria num asilo de Colônia depois de violentas crises de *delirium tremens*. Formado em música pelo pai, Johann começa a vida de modo razoável. Em 1767, apesar da oposição feroz de Ludwig, o velho, ao que ele chama um casamento desigual, desposa Maria Magdalena Keverich, filha de um cozinheiro-chefe do Eleitor de Trier, já viúva aos vinte e um anos de um camareiro do mesmo Eleitor, com quem casara aos dezesseis. O velho Ludwig explode: uma filha de cozinheiro, que vergonha! Mas Johann está decidido: é uma das raras manifestações de vontade numa vida que vai se decompor lamentavelmente em bebedeiras nas tavernas. Ludwig recusa-se a assistir às bodas. Depois, como tem bom coração, acaba concedendo ao jovem casal uma bênção tardia, até porque Maria Magdalena é uma pessoa estimável, doce, generosa, paciente e profundamente melancólica. Outros testemunhos afirmam que ela às vezes podia demonstrar um mau caráter e se enfurecer facilmente. Suas palavras em geral são tingidas de amargura. Assim, numa carta à sua amiga Cecilia Fischer, ela defende a vida de solteiro, fonte de uma existência tranquila, agradável e confortável, enquanto, a seu ver, o casamento traz poucas alegrias e muitos dissabores.

Essa ascendência pouco lisonjeira naturalmente suscitou suspeitas sobre a identidade do pai de Beethoven. "De ovo ruim, ave ruim", diz um provérbio medieval. Como pode um gênio ter nascido de genitores tão medíocres? Mais tarde, quando Beethoven for célebre, correrá o boato de que ele seria filho natural do rei da Prússia, Frederico II, que, como se sabe, adorava música. É de se perguntar que milagre teria feito o rei da Prússia deter-se um dia em Bonn para fecundar a doce e modesta Maria Magdalena. Mas assim são as lendas. A tais insinuações, parece que Beethoven respondeu sempre de maneira evasiva, como que lisonjeado por lhe atribuírem uma origem real, embora o democrata dentro dele chiasse. Alguns meses antes da sua morte, em 7 de outubro de 1826, ele dirige a seu amigo Wegeler estas linhas no máximo ambíguas:

> Você diz que em certos lugares me tomam como filho natural do falecido rei da Prússia; já me falaram disso há muito tempo. Estabeleci uma regra de nunca escrever nada sobre mim, mesmo para responder ao que escrevem a meu respeito.[3]

Do casamento de Johann e Maria Magdalena nascerão sete filhos. Três chegarão à idade adulta. Ludwig é o segundo filho do casal: o primeiro morreu um ano antes, aos quatro dias de vida. Chamava-se igualmente Ludwig. Durante a infância, teria Beethoven tido a impressão de ser o "substituto" de um irmão morto? Sabemos que distúrbios afetivos duradouros tal situação pode ocasionar.

Os detalhes que evocam sua infância são raros. A imagem mais constante, corroborada por alguns testemunhos, especialmente do padeiro Fischer, é a de um garoto agitado, não muito asseado, brincando às margens do Reno ou nos jardins do castelo de Bonn com seus irmãos, sob a vigilância distraída de alguma criada. Ludwig vai pouco à escola: o pai afirma que ele não aprende nada lá e tem outras ambições para o filho. Dessa educação imperfeita e lacunar, Ludwig conservará sequelas pela vida inteira: ortografia deficiente, aritmética limitada, não indo muito além da capacidade de fazer adições... Ele sabe o suficiente de latim para compreender os textos sobre os quais irá compor música, e seu conhecimento do francês progredirá ao longo dos anos até se tornar aceitável, apesar de uma sintaxe vacilante. Mas uma questão permanece: como esse matemático sofrível pôde adquirir tamanho domínio nessa arte tão matemática que é a música? O poder técnico e a inspiração de Beethoven, em suas composições, nunca foram barrados pelas exigências da gramática musical, nem se submeteram simplesmente aos imperativos das regras clássicas: a vida toda, ele jamais deixou de trabalhar para aprofundar a ciência da sua arte, mas sempre fez isso ao sabor de necessidades ditadas por seus projetos.

Há duas gerações os Beethoven vivem de suas atividades musicais. Johann, que aprendeu música com o pai, completou sua formação de cantor na capela do Eleitor. Músico da corte aos dezesseis anos, seus talentos certamente não se igualam aos do pai, a quem não sucede como mestre de capela, e esse tropeço inicial o encaminha a ser o personagem fracassado que em breve se entregará à bebida.

Desde três ou quatro anos de idade, Ludwig é obrigado por Johann a sentar-se ao teclado para começar sua aprendizagem. É a moda dos meninos prodígios. A celebridade de Mozart, cuja glória juvenil deslumbrou a Europa alguns anos antes, produz rivais. O próprio Johann, quando criança, fora apresentado pelo pai em concertos públicos, com um êxito modesto. Um menino prodígio numa família pode ser a garantia de rendimentos substanciais. E Johann logo percebe no filho mais velho dons fora do comum e uma inclinação arrebatadora para a música e os instrumentos. Por isso, decide acelerar sua aprendizagem. Não sem tratá-lo com aspereza. Pois Johann tem a mão pesada, sobretudo quando resolve "cuidar" do seu menino prodígio ao sair da taverna, onde se embriaga com frequência cada vez maior. Assim é a infância de Ludwig, submetido ao fascínio pela música e à brutalidade paterna. Johann não é um grande pedagogo, ao contrário de Leopold Mozart. A bebedeira e a ambição fazem dele um mestre de música irascível e impaciente. E a ideia de exibir o filho em público não o abandona: chega mesmo a falsificar a data de nascimento de Ludwig, rejuvenescendo-o dois anos. Por muito tempo o compositor viverá na certeza de que nasceu em 1772 e não em 1770...

Johann faz o filho tocar às vezes diante da corte eleitoral de Bonn, onde tem conhecidos apesar de sua má reputação. Depois, em 1778, decide tentar a sorte na "grande cidade", Colônia. Resta-nos um documento sobre esse episódio que foi certamente a primeira aparição pública do garoto:

> Aviso
>
> Hoje, 26 de março de 1778, na sala das Academias musicais, na Sternengasse, o *Hoftenorist* da corte do Eleitor de Colônia, Beethoven, terá a honra de apresentar dois de seus alunos: a saber, a srta. Averdonc, contralto da corte, e seu filho de seis anos. Eles terão a honra de se apresentar, a primeira com diferentes árias, o segundo com diferentes instrumentos e trios, e ele tem certeza de que o nobre público sentirá um prazer completo, ainda mais porque ambos já tiveram a honra de tocar para a corte, para a maior satisfação desta.[4]

Certamente essa apresentação foi um fracasso, pois foi a única. Johann decide então confiar a educação musical de Ludwig a outros, num resquício de lucidez que lhe permite avaliar suas insuficiências. É assim que, durante alguns meses do ano de 1779, um estranho personagem entra na vida do jovem Ludwig.

Chama-se Tobias Pfeiffer. É um músico viajante que percorre a Alemanha propondo seu talento nas cortes ou nas casas de ricos. E talento ele tem de sobra: tocador de cravo, de oboé, resolveu ficar em Bonn por um tempo e foi contratado pela orquestra. Esse artista mundano, como que saído diretamente dos contos de Hoffmann, torna-se assim colega de Johann. Os dois ficam amigos, a tal ponto que Johann convida Pfeiffer a morar em sua casa: ele encontrou um companheiro de taverna, pois Tobias aprecia muito os vinhos do Reno. E também percebeu as capacidades musicais extraordinárias de Ludwig. Competente e hábil pedagogo, passa a ser seu professor. Professor pouco acadêmico, meio lunático e geralmente bêbado também, como comprova este testemunho do violoncelista Mäurer:

> Pfeiffer [...] passou a dar aulas a Ludwig. Mas não havia horário fixo para isso; seguidamente, depois de haver bebido uma jarra de vinho com o pai de Beethoven até onze horas ou meia-noite, Pfeiffer voltava com ele para casa, onde Ludwig estava deitado e dormia; o pai o sacudia com violência, a criança se levantava chorando, punha-se ao teclado, e Pfeiffer ficava sentado ao lado dele até quase amanhecer, pois reconhecia seu talento extraordinário.[5]

As lições de Pfeiffer duram apenas alguns meses. O músico boêmio abandona Bonn e desaparece da vida de Ludwig em 1780, substituído por outros professores: uma educação incerta, confusa, estudos rapidamente interrompidos. No entanto, é sobre essa base frágil que vão ser dados os primeiros passos do gênio musical desse garoto taciturno, tímido, brutal, descuidado para se vestir, a ponto de na escola todos o julgarem órfão de mãe, e que nunca deixará uma impressão marcante em seus jovens colegas.

Um velho organista, Egidius van den Eeden, encarrega-se por um tempo de sua educação musical, antes de morrer dois anos mais tarde. Depois é um primo distante, um certo Franz Rovantini, que lhe ensina violino durante alguns meses. Espantosa educação, colhida aqui e ali, tão pouco conforme aos costumes pedagógicos em vigor. Porém, quando se pensa no que o compositor fará com esse instrumento em suas sonatas, ou seu sublime *Concerto para violino*...

No final de 1781, empreende com a mãe uma "turnê de virtuosismo" à Holanda. É inverno, mãe e filho descem o Reno num frio glacial. A mãe de Ludwig, segundo uma testemunha, conta que durante a viagem o frio era tão intenso que ela precisou aquecer os pés do menino no seu regaço para impedi-los de congelar. No total, uma viagem penosa com resultados incertos. Os holandeses se mostram pouco propensos a abrir suas bolsas para gratificar o jovem prodígio. "Sovinas"[6], dirá Ludwig, que sempre se recusará a retornar a esse país de onde vieram seus antepassados...

O repertório musical da corte eleitoral, tanto para os serviços religiosos quanto para os concertos e as óperas, é rico e variado. A música religiosa conserva seu caráter tradicional e reserva um bom espaço a obras já antigas, mas também a compositores contemporâneos. A biblioteca contém uma grande coleção de missas de autores do começo do século, como Antonio Caldara e Georg Reutter, e igualmente composições de Joseph Haydn e Johann Albrechtsberger, celebridades vienenses do momento que serão, ambos, professores de Beethoven em Viena. Em música instrumental, Bonn, muito bem situada entre a Alemanha, a França e a Holanda, recebe da Europa inteira um maná musical de qualidade. Os nomes, hoje um pouco esquecidos, de Eichner, Holzbauer, Johann Stamitz são familiares ao público culto de Bonn, assim como os dos austríacos Dittersdorf, Haydn, Vanhal, e dos franceses Gambini e Gossec. Na ópera há representações, traduzidas em alemão, de obras de Cimarosa ou Salieri, enquanto o teatro da corte apresenta peças de Molière, Goldoni, Voltaire, Shakespeare, junto com as de Lessing e Schiller.

Nesse crisol musical e cultural, falta ainda ao talento pouco cultivado do jovem Beethoven um mentor, um guia respeitado que saiba lhe mostrar o caminho. A educação musical decisiva ele começa a receber no ano seguinte, em 1782. Tem doze anos de idade. O novo organista da corte, Christian Gottlieb Neefe, afeiçoa-se ao rapaz, que logo percebe ser muito promissor. Neefe é um músico entusiasta, na falta de ser tecnicamente muito competente, e também um homem culto que saberá transmitir a Ludwig um pouco do seu gosto pelas belezas literárias e pela poesia. Neefe tem uma teoria original: os fenômenos musicais estão intimamente ligados à vida psicológica e devem tomá-la como base. Ele sabe conter a impetuosidade de Ludwig e mostrar-se um professor exigente: faz com que ele estude o *Cravo bem temperado* de Bach, bem como as sonatas do filho deste, Carl Philipp Emanuel, escola de rigor e de ciência na arte da fuga e do contraponto.

Neefe é também chefe de orquestra do teatro da corte e encontra para seu aluno um emprego modesto, mas útil: o acompanhamento ao cravo durante os ensaios, o que permite a Ludwig familiarizar-se com o repertório e enriquecer sua cultura musical e teatral. É assim que ele fica conhecendo as peças de Shakespeare, *Otelo*, *Ricardo III*, *O rei Lear*, junto com as do jovem Schiller e seu *Os bandoleiros*. Esses dois poetas serão a vida inteira o alfa e o ômega das suas paixões literárias: é a *Ode à alegria*, do segundo, que ele escolherá para o final da *Nona Sinfonia*.

Um outro encontro determinante ocorre nesse mesmo ano de 1782, com Franz-Gerhard Wegeler. Este tem dezessete anos e se dedica à medicina, que exercerá com brilhantismo: professor na universidade de Bonn aos vinte e cinco anos, decano da faculdade aos vinte e oito, reitor aos trinta. Um espírito superior. E, para Beethoven, o amigo mais constante, o mais fiel ao longo dos anos e que conservará até o final da vida. De Wegeler nos restam preciosos testemunhos sobre

Beethoven nas diferentes épocas do seu percurso criador. Wegeler foi o primeiro a notar o jovem Ludwig, ao avistá-lo da janela da casa de um de seus amigos. Talvez tenha se compadecido desse rapaz de quem já se diziam maravilhas, sabendo que sofria numa família grosseira e brutal. Graças a Wegeler, Ludwig encontrará um segundo lar, onde seus dons excepcionais se desenvolverão mais harmoniosamente numa atmosfera calorosa e esclarecida.

Trata-se da família Breuning. É o próprio Wegeler quem descreve, talvez idealizando um pouco, os membros dessa casta, desembaraçados, evoluídos, atraídos com paixão pelas coisas do espírito e da arte:

> [A família] compunha-se da mãe, viúva do conselheiro áulico eleitoral Von Breuning, de três filhos homens, mais ou menos da idade de Beethoven, e de uma filha. O filho mais jovem recebeu, assim como sua irmã, aulas de Beethoven [...] Reinava nessa casa, com toda a vivacidade da juventude, um tom de boa educação sem rigidez. Christoph von Breuning escrevia desde cedo pequenas poesias. Stephan von Breuning o imitou bem mais tarde, não sem sucesso. Os amigos da casa se distinguiam por uma conversação que unia o útil ao agradável. Acrescente-se a isso que, nesse interior, reinava certa abastança, sobretudo antes da guerra: facilmente se compreenderá que Beethoven sentiu ali as primeiras e alegres expansões da juventude.
> Ele logo foi tratado como filho da casa; passava ali não só a maior parte do dia, mas muitas vezes a noite. Ali sentia-se livre, movia-se com facilidade. Tudo concorria para se combinar alegremente com ele e desenvolver seu espírito [...] Sendo cinco anos mais velho do que ele, eu era capaz de observá-lo e de apreciá-lo. A sra. Von Breuning, a mãe, tinha a maior influência sobre aquele rapaz com frequência opiniático e rabugento.[7]

Sentiu o jovem Ludwig, por essa dama acolhedora e jovial, algo além de uma afeição filial? Ele tem doze anos. A aspereza familiar e a violência do pai o amadureceram. Começa a experimentar as primeiras emoções do desejo e de uma vida amorosa que permanecerá por muito tempo, e ainda hoje, um dos mistérios da sua existência. Teria sido Beethoven o perpétuo apaixonado por mulheres inacessíveis, casadas, já comprometidas, ou insensíveis a seus galanteios por o acharem feio, grosseiro, incômodo? Repetição eterna de um esquema original marcado pela proibição? Trata-se de uma hipótese. A síndrome de repetição é uma figura corrente da vida psíquica. Seriam escolhas deliberadamente impossíveis e fadadas ao fracasso, a fim de resguardar sua liberdade de criador e seu modo de viver um tanto desordenado? Idealização do outro sexo para mascarar, pela não realização, pulsões homossexuais então inconfessáveis? Nada comprova isso inteiramente, nem os documentos, nem o que sabemos da sua vida.

Seja como for, Ludwig recebe lições de Neefe, que faz dele seu assistente privilegiado e encoraja suas primeiras tentativas como compositor. É assim que no começo de 1783 aparece a primeira obra musical conhecida do compositor: nove variações para cravo em dó menor, sobre uma marcha de Dessler, variações às quais Neefe não deixa de dar uma eloquente publicidade, ressaltando na *Revista de música de Cramer* que "esse jovem gênio merece ser sustentado e poder viajar. Ele certamente se tornará um segundo Wolfgang Amadeus Mozart, se continuar como começou".[8] A obra, é verdade, se ainda tem algo de exercício de escola, não carece de personalidade e tampouco de uma força real num rapaz de doze anos. Sua execução requer uma destreza que deixa adivinhar, já nessa idade, o nível atingido por Beethoven ao cravo.

No outono do mesmo ano aparecem três sonatas para cravo, dedicadas ao Eleitor de Bonn, Maximiliano Frederico, acompanhadas de uma carta à Sua Alteza Sereníssima, da qual presume-se que Beethoven não seja o único autor, pelo que há de obsequioso e grandiloquente no estilo: "Minha musa o quis, obedeci e escrevi. Será que posso agora, Alteza Sereníssima, me atrever a depositar as primícias dos meus jovens trabalhos nos degraus do seu trono?".[9]

Johann mergulha cada vez mais no alcoolismo. Sua voz, diz um relatório administrativo sobre os músicos da corte, "se perde completamente". Neefe, sobrecarregado de trabalho, tem necessidade de um auxiliar. Em fevereiro de 1784, Ludwig faz um pedido a Maximiliano Frederico para ser organista adjunto, remunerado, pois exerce por ora suas funções sem ser pago. A tentativa é inútil, o Eleitor nem sequer responde. Mas algumas semanas mais tarde, em abril, este acaba morrendo.

Seu substituto é o arquiduque Maximiliano Francisco de Habsburgo, irmão do imperador José II. É um jovem gordo, de 28 anos. Sua gula já é lendária e ele se tornará monstruosamente obeso. As opiniões divergem sobre as qualidades dessa figura. Uma carta de Mozart o apresenta sob uma luz das mais contraditórias: brilhante na juventude, Maximiliano Francisco teria virado um asno ao se tornar padre (pois o Eleitor cumpre também funções eclesiásticas), "a estupidez", escreve Mozart, "lhe saindo literalmente pelos olhos, o pescoço inchado, e falando sem parar com uma voz de falsete".[10] Na verdade, é um liberal aberto às ideias das Luzes e um amante de música. Apaixonado pela ciência, manda instalar em Bonn uma biblioteca pública e um jardim botânico. Toca viola. Pensou até em propor a Mozart, a quem visitava em Viena, o posto de mestre de capela, projeto que não se realizou talvez porque Mozart não quisesse se enterrar numa cidade de província.

A situação de Beethoven não tarda a evoluir favoravelmente: em junho é nomeado organista suplente, com a soma de 150 florins por ano, enquanto de Johann são retirados 15 florins por conta do seu tratamento. Agora cabe a Ludwig assumir os encargos da família, no lugar de um pai pernicioso.

Um jovem na corte

Ele leva a vida de um jovem músico de corte. Tem catorze anos. A dupla tendência do seu caráter se afirma: é alegre, sente um imenso júbilo de existir, gosta de tocar música, dos ditos chistosos, da liberdade; mas também da solidão, dos longos momentos de meditação e de devaneio melancólico, disposições acentuadas pelo peso da atmosfera familiar. Com frequência é visto à janela, contemplando o Reno, perdido em pensamentos. Quanto às lições que lhe solicitam a dar, elas o aborrecem profundamente e ele se furta o máximo que pode, inventando todos os pretextos. Mal consente em cumprir seu papel de professor junto aos filhos da sra. Von Breuning, a quem deve tanto. O desejo de compor o atormenta. Entre criar e ensinar, não tem dúvida da escolha, a não ser quando os alunos são jovens pessoas encantadoras pelas quais, durante toda a juventude e mesmo na idade adulta, ele haverá de se apaixonar regularmente, quase sempre sem esperança.

Em 1784 ele compõe um concerto para piano conhecido sob a estranha denominação de *Concerto nº 0*, pequena peça graciosa bem ao gosto de Haydn e Mozart, os modelos canônicos da época, mas ainda longe dos procedimentos de composição dos ilustres modelos: três movimentos, com um rondó final muito arrojado de melodia arrebatadora. No ano seguinte exercita-se em quartetos com piano, três obras jamais publicadas em vida mas que já contêm ideias fortes: assim reencontraremos um tema do primeiro quarteto no rondó final da *Sonata patética* op. 13, treze anos mais tarde! As lições de Neefe produziram resultados. Mas as relações entre mestre e aluno atravessam algumas turbulências, pois, para poder pagar a Ludwig 150 florins anuais, o Eleitor nada encontrou de melhor do que diminuir o salário de Neefe, que será restabelecido no ano seguinte, em 1785. Essa situação intolerável do artista de corte, que depende da boa vontade dos senhores, não será uma lição perdida: Beethoven passará sua vida a combatê-la.

Mas Neefe vai se apagando aos poucos. Outros mestres – e de que estatura! – logo tomarão seu lugar.

Por volta dessa época, um novo anjo da guarda entra na vida de Ludwig: é um jovem de 21 anos, amigo íntimo do eleitor Maximiliano Francisco – dizem mesmo seu favorito... Chama-se Ferdinand, conde Waldstein-Wartenberg. Bom pianista, que conhece Mozart e Haydn em Viena, Waldstein é rico e generoso. Conhece o jovem Ludwig na casa dos Breuning, que recebem a fina flor da sociedade. Em que momento? Não se sabe ao certo. Waldstein juntou-se ao Eleitor em Bonn após uma carreira militar abortada. Apaixonado por música, ele é seduzido pelos talentos de pianista do jovem Ludwig, a quem ouve tocar nos concertos privados e na corte.

De que natureza são esses talentos? Essencialmente a improvisação: trata-se de uma prática corrente entre os músicos na qual, dizem, o grande Johann Sebastian Bach se destacava em alto grau, ao órgão e ao cravo. A partir de um motivo, de uma melodia, de uma trama musical, o intérprete dá livre curso à sua habilidade, à sua inventividade. E Ludwig está se tornando um mestre nesse jogo. Em alguns anos conquistará os salões vienenses graças a seus talentos de improvisador ímpar, a exemplo de alguns gigantes do jazz do século XX.

Mas, por ora, sua preocupação principal é sustentar a família. Suas primeiras composições não entusiasmaram o pequeno mundo musical de Bonn. Aliás, Neefe não se mexeu para publicá-las (seus três primeiros quartetos só serão publicados em 1832, após sua morte) e certamente lhe renderam pouco. Mas sua reputação de pianista já é sólida em Bonn: vem gente até mesmo de cidades vizinhas para escutá-lo. Seu pai, Johann, organiza sempre que pode concertos em casa e traz outros músicos para acompanhar o filho. O pequeno grupo de admiradores que protegem o talento de Ludwig, entre os quais o conde Waldstein, compreende que é preciso fazê-lo ser conhecido em Viena e completar sua educação musical. Beethoven quer muito ir para lá. Na primavera de 1787, uma permissão lhe é dada na forma de licença de trabalho. É provavelmente Waldstein quem financia essa viagem durante a qual Ludwig vai conhecer Mozart.

Há poucos detalhes sobre essa temporada vienense de abril de 1787, curta e por certo decepcionante. Viena é a capital do Império e o centro mais importante da música europeia, mesmo não sendo o único: também em Londres e em Paris a vida musical é rica. Mas Viena... E José II é um imperador melômano. Nesse final do século XVIII, a cidade conta com duzentos mil habitantes. Exibe a beleza barroca de seus monumentos, o esplendor elegante de seus jardins, a suntuosidade de seus palácios, sedução imediata que deslumbra quem não se dá o trabalho de penetrar mais fundo. O imperador José II, a quem sugeriam autorizar a abertura de prostíbulos, respondia que seria preciso construir um telhado que cobrisse a cidade inteira... Mas é ali que é preciso estar quando se quer seguir uma carreira artística e ter o apoio de ricos mecenas.

Ludwig chega a Viena por volta de 10 de abril, após uma viagem de duas semanas. Onde se abriga? Provavelmente fora recomendado a amigos do conde Waldstein. De que maneira conhece Mozart, seu ídolo, o homem cujo exemplo embalou sua infância? Aqui é a lenda que prevalece, sem levar muito em conta os fatos: Beethoven teria se encontrado com o imperador José (no entanto ausente de Viena nesse momento) e sobretudo com Mozart. O período é certamente mal escolhido, pois Mozart está compondo *Don Giovanni* e sabe que seu pai está muito doente, circunstância pouco propícia para dar lições a um jovem desconhecido. Otto Jahn, um dos biógrafos de Mozart, conta a cena:

> Beethoven foi levado à casa de Mozart e, a seu pedido, lhe tocou algo que Mozart, julgando ser uma peça de virtuosismo preparada para a ocasião, aprovou bastante friamente. Tendo percebido isso, Beethoven pediu a Mozart para lhe dar um tema sobre o qual improvisar. Como tinha o hábito de tocar admiravelmente quando tinha essa disposição, e estimulado pela presença do mestre por quem tinha um respeito tão grande, ele tocou de tal maneira que Mozart, cuja atenção e o interesse aumentavam, acabou por se dirigir à peça

vizinha onde estavam alguns amigos e lhes disse: "Prestem atenção nesse rapaz, um dia seu nome será reconhecido mundialmente".[1]

Episódio dos mais duvidosos, na certa floreado, talvez apócrifo, assim como, provavelmente, a lenda das lições dadas por Mozart a Ludwig, que se reduziram a alguns conselhos. Teria pelo menos Beethoven ouvido Mozart tocar piano? Ele se queixou que não. O mundo ainda não desconfia do seu gênio.

Nessa primeira temporada em Viena, de onde trará somente dívidas e que dura apenas duas ou três semanas, Ludwig recebe notícias alarmantes: sua mãe está passando muito mal. Com a morte na alma, ele volta a Bonn, passando por Augsburg, onde conhece Johann Andreas Stein, célebre fabricante de pianos, que está trabalhando na invenção do instrumento moderno.

O retorno a Bonn, seja qual for a data (final de abril? final de junho?), é triste. A mãe, Maria Magdalena, morre em 17 de julho, de tuberculose. Essa morte o deixa devastado, angustiado, dominado por sentimentos contraditórios, como atesta esta carta de 15 de setembro enviada ao dr. Schaden, de Augsburg, que lhe emprestou dinheiro para seu regresso, dinheiro que ele ainda não pode devolver:

> Devo lhe confessar que, desde minha partida de Augsburg, minha alegria e minha saúde começaram a piorar; à medida que me aproximava de minha cidade natal, recebia cartas do meu pai me aconselhando a viajar mais depressa, pois minha mãe não se achava num estado de saúde favorável; assim me apressei o quanto pude, embora estando eu mesmo indisposto; o desejo de poder ainda uma vez rever minha mãe afastou os obstáculos e me ajudou a superar as maiores dificuldades. Ainda encontrei minha mãe, mas num péssimo estado de saúde; ela estava com tuberculose e por fim morreu, há cerca de sete semanas, após ter suportado muitas dores e muitos sofrimentos. Ela foi para mim uma mãe tão boa, tão amável, minha melhor amiga. Ah, como eu era feliz quando ainda podia pronunciar o doce nome de minha mãe! [...] Depois do meu retorno para cá, tive

somente poucas horas agradáveis; o tempo todo sinto falta de ar e receio que possa ser um sinal de tuberculose; a isso se acrescenta a melancolia, que para mim é um mal quase tão grande quanto minha própria doença [...].[2]

Carta essencial, que traduz uma perturbação profunda e nos revela sobretudo a angústia que acompanhará Beethoven ao longo de toda a vida: a doença, aquela da qual sua mãe acaba de morrer. Testemunhos confirmam essa obsessão, a mania de examinar os escarros para neles reconhecer vestígios de sangue, o pânico de uma morte por asfixia. Mais tarde outras fobias se manifestarão, inclusive o temor de ser envenenado por uma mulher, o que não é o sinal de uma relação muito tranquila com o mundo feminino...

No vigor dos seus dezoito anos, Ludwig se esforça, porém, em assumir corajosamente o novo encargo de chefe de família, pois Johann é incapaz de reagir à viuvez a não ser embriagando-se cada vez com mais frequência. Uma irmãzinha de um ano de vida, portanto nascida quando Maria Magdalena já estava muito doente, morre em novembro. A essa nova tristeza soma-se o calvário da vergonha: Ludwig é seguidamente obrigado a intervir junto às autoridades para impedir que o pai seja preso. Seus dois irmãos, ainda jovens e de caráter medíocre, não podem ajudá-lo nessa via-crúcis familiar, e é Ludwig quem se torna o tutor desse pai que despreza, que ama, a quem ainda está submetido, mas agora por uma outra violência que não a das surras. Johann é, ao mesmo tempo, vítima e carrasco dele mesmo e dos familiares. Seu estado lastimável se transforma numa chantagem psicológica odiosa, que explora a culpa e pratica a tortura mental, ora ameaçadora, ora lamurienta, pondo todo o seu peso morto, como Anquises, sobre os ombros do filho mais velho. Com certeza ele não é o primeiro pai que, por perversidade ou ciúme inconsciente, busca estragar a vida do filho e bloquear seu futuro, mas nele, impulsionado pelo alcoolismo, isso adquire proporções delirantes. A tal ponto que Ludwig, após dois anos desse regime que o impede inteiramente de prosseguir seus trabalhos de composição, empreende uma ação junto ao Eleitor, primeiro passo para sua emancipação: ele pede à Sua Alteza Sereníssima para que os direitos do pai lhe sejam transferidos. O pedido é aceito, o decreto é assinado, mas Ludwig não levará a ação até o fim: cedendo às súplicas do pai, o filho avalia o que representaria simbolicamente essa destituição. Um resquício de afeição, ou talvez uma violenta crise de autoridade paterna misturada com choradeira, o convence a protelar a ação. Além disso, parece que Johann furtou o decreto do filho e que Ludwig só veio a saber disso mais tarde, após a morte do pai, quando quis concretizar sua ação. Seja como for, pai e filho chegam a um acordo: Johann entregará a Ludwig, a cada trimestre, os 25 táleres do seu salário.

A crise desse fim de ano de 1789 acaba sendo fecunda: Ludwig recomeça a compor. Já no início de 1790 nascem obras mais que promissoras: ciclos de variações para piano, um trio para piano, alguns *lieder*... E uma música de balé, primeira obra orquestral conhecida como *Ritterballet* ou "Balé cavalheiresco", encomendada pelo conde Waldstein, que se atribuirá a paternidade da obra ao ser executada em Bonn, em março de 1791. A amizade dos príncipes é às vezes acompanhada de algumas indelicadezas.

Mas a obra mais marcante desse período é a famosa *Cantata sobre a morte de José II*. O imperador músico havia falecido em 20 de fevereiro de 1790. Beethoven não tarda a responder à encomenda que lhe dirige a corte eleitoral: compõe febrilmente essa cantata a ser apresentada em Bonn durante uma cerimônia fúnebre, em 19 de março seguinte. Mas a obra nunca será executada. Difícil demais de interpretar? Impossível de ensaiar num prazo tão curto? Será preciso esperar cerca de um século, 1884, para ouvir sua primeira execução em Viena. Uma outra cantata, desta vez celebrando o advento de Leopoldo II, conhece a mesma sorte.

Humilhações? Decepção? Isso não atinge em nada a reputação de Beethoven – "o caro e bom Beethoven", é assim que o chamam – como virtuose do piano. No pequeno meio musical de Bonn, o jovem já é a figura mais em evidência.

Tem vinte anos. Tarde demais para ser o novo Mozart: só lhe resta ser ele mesmo.

Dedica-se a isso com afinco, buscando preencher as lacunas da sua instrução ao mesmo tempo em que tenta alguns tímidos namoros. Está matriculado na faculdade de Letras para ter aulas de literatura. Seu professor, Euloge Schneider, é um espírito ardoroso que assumirá abertamente a defesa da Revolução Francesa antes de morrer guilhotinado, em 1794. Por natureza, e também por causa dos seus encargos, Beethoven mostra-se pouco assíduo às aulas. É em essência um autodidata. Mas lê com avidez e as ideias novas lhe são familiares. A influência de Neefe, franco-maçom, livre-pensador, marcou sua adolescência: aliás, Neefe pertence ao ramo mais radical da franco-maçonaria, ao dos Iluminados da Baviera, dissolvido em Bonn em 1784 após sua proibição na Baviera e substituído por uma "Sociedade de Leitura" (*Lesegesellschaft*) que conta com uma centena de membros. Essa sociedade nada tem a ver com um grupo de contestação; dela faz parte a fina flor da aristocracia, como o conde Waldstein e amigos próximos de Beethoven. Mas as ideias defendidas por esses Iluminados (que não se deve confundir com os Iluministas, adeptos do esoterismo) continuam as mesmas: progressismo, fraternidade, religião do homem, fé na razão – e um anticlericalismo que deixará traços em Beethoven. Oriundo de uma família católica praticante, sua religião íntima se voltará mais para uma espiritualidade dominada pela figura de um Cristo muito humano do que para uma estrita observância dos dogmas.

Aos vinte anos, Ludwig van Beethoven é um revolucionário em espírito, embora não em atos, pois o homem da corte é ainda dócil. Ele se deixa impregnar pelas ideias do seu tempo, recebe os ecos dos acontecimentos que se desenrolam na França. E lê tudo que lhe cai nas mãos: literatura alemã, Goethe e Schiller, autores gregos e latinos, tratados esotéricos sobre a teologia e as ciências. Quanto à filosofia, em particular a de Immanuel Kant, que domina nessa época a consciência intelectual alemã, terá acesso a ela sobretudo através da divulgação. O mesmo aconteceu na França, após a Segunda

Guerra Mundial, quando as pessoas se diziam existencialistas sem terem lido uma linha de Sartre. Do imperativo categórico de Kant ele retém esta frase: "Age de tal modo que a máxima da tua ação possa ser erigida como lei universal".[3] Ou ainda: "Duas coisas enchem o coração de uma admiração e de uma veneração sempre nova e sempre crescente, à medida que a reflexão a elas se dedica e se aplica: o céu estrelado acima de mim e a lei moral dentro de mim".[4] A lei moral... Segundo Kant, o homem só é homem quando é livre e, por essa razão, não tem necessidade de temer um ser superior a ele, um deus, para conhecer seu dever. Virtude, moral livremente escolhida, confiança na sabedoria do príncipe, contanto que ele seja bom e justo: tal é o credo do jovem Beethoven. No que se refere aos príncipes, o mínimo que se pode dizer é que haverá uma sensível evolução ao longo da vida. Uma coisa é certa: como muitos dos seus compatriotas, ele é fascinado pela Revolução Francesa. E por um ideal de virtude, no sentido romano do termo, que será a base fundadora da sua atitude como homem e como artista.

Seria esse amor à virtude que o bloqueava um pouco nas suas relações femininas? Sua timidez brutal? Seu físico pouco atraente para as moças? O jovem Beethoven é inegavelmente atraído pelo belo sexo, mas sem conseguir vencer suas inibições. Um exemplo é o testemunho de um certo Nikolaus Simrock, músico em Bonn, que conta que em 1791, num restaurante, os músicos incitaram a atendente, uma loira muito apetitosa, "a mostrar seus encantos diante de Beethoven. Este acolheu as provocações com frieza e, como ela insistisse, encorajada pelos outros, perdeu a paciência e pôs fim a suas seduções com uma bofetada".[5]

Ele vive paixões violentas, em geral breves. A obra *Os sofrimentos do jovem Werther*, de Goethe, imenso sucesso da época do *Sturm und Drang*, continua a incendiar corações e Ludwig, no fundo, é um casto. Ele tem namoricos, sucessivamente, com Jeannette von Honrath, amiga da família Breuning, "uma bela loira jovial", diz Wegeler, "de maneiras amáveis e caráter afetuoso"[6], infelizmente comprometida com um militar que acabará por desposar; com Maria-Anna von Westerholt, sua aluna; com Barbara Koch, "o ideal de uma mulher realizada"[7], comenta o amigo Wegeler, filha da proprietária de uma hospedagem onde se reúne a fina flor da sociedade de Bonn e que se tornará, por seu casamento, a condessa Belderbush, sem nunca ter respondido às cartas inflamadas do jovem músico. Enfim, Ludwig sente também uma terna inclinação por Eleonore von Breuning, a filha da sua segunda família, que mais tarde se casará com o brilhante Wegeler. Mas sempre, e até o final da vida, a imagem de Eleonore, da sua "Lorchen", lhe habitará a memória. Tímidas trocas de cartas entre eles não deixam dúvida alguma sobre seus sentimentos profundos, sobretudo seus votos na entrada do ano de 1791: "Seja tão feliz quanto amada"[8], escreve Ludwig. "Ó, possa a tua felicidade se igualar inteiramente à minha", responde Lorchen. Mas parece que os sentimentos de ambos não eram da mesma natureza. Para o aniversário de Ludwig, Lorchen escreveu: "Desejo tua simpatia. A ti, minha consideração – Indulgência e paciência".[9]

Indulgência e paciência... Não é exatamente o sinal de um amor ardente, e sim de uma amizade profunda. Muito tempo depois, em 1826, Beethoven escreverá a Wegeler estas linhas melancólicas: "Tenho ainda comigo o retrato em perfil da tua Lorchen; digo isso para que vejas o quanto me é caro todo o amor e a felicidade da minha juventude".[10]

Esses amores frustrados, apenas esboçados, não são um acaso: no fundo da alma ardente de Ludwig há um único apelo, um desejo profundo, imperioso: alcançar a grandeza, lavar as dores da infância, elevar-se o mais alto que puder. E há um único meio para chegar a isso: a música.

Papai Haydn

Ludwig está ao piano. Sua reputação de virtuose instrumentista já está bem estabelecida em Bonn. Ele tem uma técnica poderosa mas, diz Wegeler, "desigual e dura".[1] O que lhe falta? As nuances, uma certa delicadeza... Nunca saberemos com certeza como realmente ele tocava piano. O instrumento sempre foi o companheiro do seu pensamento musical, das invenções, das construções prodigiosas que vão se elaborar no seu espírito. Quanto às suas performances pianísticas, certamente não se parecem em nada às de Schumann, Chopin, Liszt, esses mestres do piano que, ao longo do século XIX, levarão o instrumento ao máximo de suas possibilidades técnicas. Beethoven é contemporâneo do nascimento e dos primeiros passos do piano moderno. Ele conheceu o cravo, depois o *pianoforte*, de som ainda áspero, vagamente desafinado, digam o que disserem os "puristas", os esnobes, os defensores de uma "autenticidade musical" imaginária: com frequência Beethoven se queixou de que o instrumento com o qual sonhava, e para o qual compunha, ainda não existia!

Seja como for, no começo dos anos 1790, a técnica pianística de Ludwig ainda precisa ser aperfeiçoada. Em setembro e outubro de 1791, a grande viagem do Eleitor a Mergentheim, da qual ele participa, lhe permitirá comparar seu jovem talento ao de Sterkel, pianista mais sutil, mestre de capela do Eleitor de Mainz.

> Sterkel tocava com muita delicadeza, de um modo extremamente agradável e, segundo a expressão de Ries, o pai, um pouco feminino. Beethoven manteve-se perto dele com o mais concentrado dos semblantes. Em seguida foi convidado a tocar; ele o fez, embora Sterkel [...] duvidasse que o mesmo compositor das variações fosse capaz de tocá-las com fluidez. Mas Beethoven tocou não apenas essas variações, mas também uma série de outras que não eram menos difíceis. Para grande surpresa dos seus ouvintes, tocou-as exatamente da

mesma maneira leve e agradável que o impressionara em Sterkel. Tamanha era a sua facilidade de modificar a técnica com base na de um outro.[2]

A Europa está em ebulição. O imperador Leopoldo II, morto em 1º de março de 1792, é substituído pelo conservador Francisco I da Áustria, cujo reinado se estenderá até a morte de Beethoven e mais além. Antirrevolucionário feroz, hostil às ideias novas, ao contrário do seu tio José II e do seu pai Leopoldo II, Francisco I da Áustria levará o país à catástrofe e à humilhação frente aos exércitos revolucionários franceses e depois napoleônicos, até que o congresso de Viena, em 1814, lhe permita tirar sua desforra, com a ajuda inspirada do seu fiel Metternich.

Em abril de 1792, a França, através da sua Assembleia Legislativa, declara guerra ao rei da Boêmia e da Hungria, o imperador Francisco. No mês de agosto, o rei Luís XVI é destituído. Em 20 de setembro, na batalha de Valmy, o exército esfarrapado dos *sans-culottes* põe em xeque os prussianos e, em novembro, os austríacos são expulsos da Bélgica, em Jemmapes, pelos soldados do general Dumouriez. A França revolucionária, agora o farol da liberdade na Europa, pelo menos em suas intenções proclamadas, ambiciona derrubar as monarquias, vencer as tiranias: um vasto projeto.

Esses acontecimentos devem ter entusiasmado o lado revolucionário de Ludwig. Mas o mais importante para ele, no verão de 1789, foi o encontro com Joseph Haydn.

"Papai Haydn", como era afetuosamente chamado por Mozart, morto seis meses antes, está de passagem por Bonn. Aos sessenta anos, esse homem sem graça, de uma presença modesta, de uma bondade tingida de fé ardente, está enfim livre, em função da morte do príncipe Nicolau em 1790, da tutela dos príncipes Esterházy junto aos quais serviu durante mais de três décadas. Por certo sua espiritualidade luminosa lhe permitiu resistir às pressões de um trabalho esmagador e às decepções de um casamento, pois ele sempre preferiu a companhia da irmã... Foi no castelo Esterházy, na Hungria, que esse gênio discreto mas fecundo compôs a maior parte da sua imensa obra, pressionado pela constante necessidade de fornecer partituras à orquestra e ao teatro do príncipe, bem como peças musicais de câmara: trios, quartetos, sonatas para piano, inúmeros *lieder*... Esse frenesi criador imposto, e realizado com uma bondade e uma integridade unanimemente louvadas, fez dele um mestre. O único mestre incontestável remanescente em Viena após a morte de Mozart. E, se ele reconheceu no seu jovem amigo Wolfgang "o maior músico que a terra já produziu[3]", sua própria obra contém fabulosos tesouros e marca uma etapa essencial na história dos gêneros musicais – a sinfonia, o quarteto e a sonata, em particular. Muitos pianistas, e alguns melômanos entendidos, afirmam inclusive que suas sonatas para piano são mais interessantes do que as de Mozart, mais inventivas, mais misteriosas. Ele é o mestre absoluto do quarteto de cordas. Quanto às suas sinfonias, elas encantam pela graça, surpreendem pela riqueza e pela complexidade na exploração da orquestra, como a famosa série das sinfonias londrinas.

Foi a Londres, justamente, que Haydn se dirigiu no final de 1790, a convite de um empresário chamado Johann Peter Salomon, natural de Bonn. Ele passou por esta cidade, onde talvez tenha cruzado com Beethoven pela primeira vez. Ludwig teria lhe mostrado uma de suas composições, certamente a famosa *Cantata a José II*. Ou teria sido ao retornar de Londres, onde Haydn conheceu, durante mais de um ano, uma temporada triunfal – como uma primeira apoteose após uma longa vida de servidão? Em todo caso, o velho mestre fica impressionado com as qualidades da escrita musical desse quase desconhecido. É verdade que Haydn reconhece alguns erros nos primeiros trabalhos do jovem Ludwig, mas também suficiente personalidade e grande potencial para aceitar lhe dar lições, a pedido do Eleitor.

Em 1º de novembro de 1792, Beethoven parte para Viena. Tem 22 anos, mas continua achando ter apenas vinte. Deixa para trás um pai combalido, dois irmãos com o futuro incerto, uma juventude difícil, marcada pela violência paterna, mas também iluminada por belos encontros. Em Bonn se enraizaram seu amor eterno pela música, sua vocação, suas primeiras paixões, seu caráter melancólico e entusiasta, voluntarioso e sonhador. Diante do majestoso Reno, nessa natureza amável e poderosa, ele descobriu o sentimento profundo da realidade do mundo e de suas forças telúricas, concebeu o desejo de ser amado por sua música, de tornar-se através do trabalho, da virtude, da doação de si a seus semelhantes, aquilo que o pai não soube ser: um grande artista. Os telhados de Bonn se distanciam na bruma. Ele não sabe que nunca mais retornará à sua cidade natal. Mesmo no momento da morte do pai, que falece em 18 de dezembro de 1792, provavelmente de uma crise cardíaca. Beethoven não podia ignorar, ao partir, que Johann vivia seus últimos dias. Teria precipitado sua partida para não vê-lo morrer? Agora ele está sozinho consigo mesmo, sem o superego violento, lamuriento, pouco admirável que foi seu pai, esse pobre infeliz que com seus destroços foi um fardo para seus ombros durante vinte anos.

"Receba das mãos de Haydn o espírito de Mozart", teria lhe escrito o conde Waldstein no momento da sua partida, num álbum que reunia as despedidas dos amigos. A frase é talvez demasiado bela para ser autêntica, até porque muitos documentos foram falsificados após a morte de Beethoven, especialmente por seu zeloso hagiógrafo Schindler, de quem falaremos no momento oportuno, com toda a benevolência que merecem suas más ações. Pensa Beethoven em Lorchen durante a longa viagem a Viena? Parece que eles se deixaram com algum ressentimento – sabemos disso por uma carta que Ludwig dirige à jovem ao chegar em Viena, na qual pede para ser perdoado. Quanto a Lorchen, ela nunca exprimiu outra coisa em relação a Ludwig senão uma amizade profunda. "Que a amizade, com o bem, cresça como a sombra do entardecer, até se extinguir o sol da vida."[4] Ela traçou esses versos de Herder no álbum de despedidas.

Eis Beethoven em Viena, e pelo resto da vida – o que ele está longe de imaginar, pois pensa em retornar a Bonn uma vez terminados seus estudos. Cidade suntuosa e encantadora, de fato – mas também odiosa, infestada de espiões e delatores a serviço do imperador, em breve a capital da valsa e do *kitsch* enjoativo. Da psicanálise igualmente, o que não é um acaso: o inconsciente vienense oferece à análise uma mina inesgotável de recalques. Em Viena teme-se a contaminação das ideias revolucionárias vindas da França e que se propagam por toda a Europa. Por que a música encontra ali um lugar de predileção? Porque é julgada inofensiva. Os outros meios de expressão, a filosofia, a literatura, esses refúgios de sedição, não são bem-vindos. Até o imperador José II, ávido por fundar uma academia em Viena, ficou chocado com a frivolidade de uma população que fez pouco-caso do *Don Giovanni* de Mozart, antes de deixar o compositor morrer na miséria.

A notícia do falecimento do pai não surpreende Ludwig. Johann já estava morto havia muito tempo no seu coração... O discurso fúnebre do Eleitor pelo ex-cantor dispensa comentários: "Beethoven está morto; é uma grande perda para o imposto sobre as bebidas".[5] O salário de Johann, transferido a Ludwig, continua a ser pago pelo Eleitor para o sustento dos dois irmãos, que podem assim suprir suas necessidades sem a presença dele. Uma volta a Bonn está descartada. Munido de cartas de recomendação de Waldstein e do Eleitor, Ludwig se apresenta ao barão Nikolaus Zmeskall von Domanovecs, secretário áulico na chancelaria real da Hungria. Esse primeiro contato é conveniente: Zmeskall se revelará para Ludwig um amigo precioso e constante ao longo de toda a vida, o mais fiel que ele terá em Viena e o mais generoso, que não lhe nega seu tempo, seu dinheiro nem todas as relações que tem na capital. Há sinais que não mentem: o mal-humorado Beethoven nunca se desentenderá com ele, pelo menos não mais do que por algumas horas!

É com Zmeskall que ele vai à casa de Haydn. As lições com o velho mestre começam em seguida. Bastante descontraídas na forma, a julgar pelos cadernos de anotações de Ludwig, elas em geral terminam com um café, pois "papai Haydn" é um grande apreciador de chocolate quente.

Porém, no fundo, não parece ter havido muita afeição nem cumplicidade artística entre essas duas personalidades tão distintas. Beethoven afirmará inicialmente nada ter aprendido com Haydn; bem mais tarde reconhecerá que teria "cometido muitas extravagâncias sem os bons conselhos do papai Haydn e de Albrechtsberger", seu outro professor em Viena. A verdade é que há em Beethoven algo de sombrio, de imperioso, de estranho mesmo, que inquieta a natureza clara de Joseph Haydn. Beethoven, diz o flautista Drouet, que testemunhou a cena e nos relata o diálogo a seguir, mostrou a Haydn suas primeiras composições:

– Você tem muito talento – diz Haydn – e vai adquirir ainda mais, muito mais. Tem uma abundância inesgotável de inspiração, mas... quer que eu lhe diga francamente?

– Com certeza, pois vim para ouvir sua opinião – resmunga Beethoven.

– Pois bem, você fará mais do que fez até agora, terá pensamentos que ninguém ainda teve, nunca sacrificará (e fará muito bem) um belo pensamento a uma regra tirânica, mas sacrificará as regras às suas fantasias; pois você me dá a impressão de um homem de várias cabeças, de vários corações, de várias almas e... Mas receio aborrecê-lo.

– O senhor me aborrecerá se não terminar.

– Pois bem, já que insiste, digo que na minha opinião sempre haverá nas suas obras algo de insólito e de inesperado, de inabitual, certamente em meio a coisas belas, coisas inclusive admiráveis, mas aqui e ali haverá algo de estranho e sombrio, porque você mesmo é um pouco estranho e sombrio; e o estilo do músico é sempre o homem. Observe as minhas composições. Nelas encontrará com frequência algo de jovial, pois eu mesmo sou assim. Encontrará sempre um pensamento alegre ao lado de um pensamento sério, como nas tragédias de Shakespeare... Pois bem, nada pôde destruir em mim essa serenidade natural, nem mesmo meu casamento nem minha mulher![6]

Mas as lições de Joseph Haydn decepcionam Beethoven. Haydn envelhece, atinge enfim uma glória pública universal, pelo menos europeia. Pensa numa segunda viagem a Londres. E não acha muito divertido dar lições, mesmo a um futuro gênio. Aliás, ele não se sente à vontade com esse Beethoven, decididamente antipático. Prescreve-lhe exercícios de contraponto, de harmonia, de baixo contínuo, matérias nas quais Beethoven já se julga experiente graças ao ensino de Neefe. Haydn corrige com distração seus exercícios: há umas quarenta anotações feitas por ele nos cerca de 250 exercícios que Ludwig lhe confia. O que este busca junto a Haydn? Ser armado cavaleiro por um mestre? Os conselhos de um veterano? Talvez alguns segredos de composição?... Haydn considera esse jovem impaciente com uma indulgência mesclada de humor. Chama-o, por causa do seu caráter e da sua tez mais escura, "o Grão-Mogol". Sempre terá por ele uma consideração afetuosa, inquietando-se com os progressos de sua carreira. Mas não há entre os dois a alquimia preciosa, misteriosa, da amizade. Pressentiria Haydn que seu "aluno" lançaria a música em territórios desconhecidos, quebrando o equilíbrio clássico do qual ele é o representante mais acabado desde a morte de Mozart?

Abandonando esse mestre evasivo, Beethoven escolhe um outro mentor, Jean-Baptiste Schenk. Este, autor de *O barbeiro da aldeia*, é um reconhecido especialista do contraponto, esse fundamento da música ocidental que consiste, segundo complexas combinações, em compor dois motivos musicais diferentes mas tocados ao mesmo tempo e numa perfeita harmonia. Schenk vai visitar Beethoven, de quem lhe enalteceram o grande talento. O quarto do jovem músico mostra uma desordem pouco atraente. Há restos de comida sobre as partituras abertas em cima da mesa e no piano, roupas de uma limpeza duvidosa espalhadas no chão. Será sempre assim, testemunham os visitantes, nas várias moradas que Beethoven ocupa em Viena durante cerca de quarenta anos. Bem-humorado nesse dia, Beethoven mostra a Schenk alguns exercícios de contraponto. À primeira vista, o mestre percebe alguns erros. Beethoven se queixa de Haydn, em quem observou pouca atenção. Ele é exigente e apressado. Mas, para não zangar o bom papai Haydn, Beethoven terá a delicadeza de passar a limpo as passagens corrigidas por Schenk. Dizem que Haydn apenas sorriu ao ficar sabendo desse pequeno arranjo...

Em muito pouco tempo, em Viena, Beethoven torna-se a febre da aristocracia. Desde a morte de Mozart, que foi maltratado, o público procura um novo herói. Esse jovem pianista brilhante, de temperamento fogoso e físico estranho, chega na hora certa. Mas ele terá de esperar o dia 29 de março de 1795 para dar seu primeiro grande concerto público, ou seja, mais de dois anos após sua chegada a Viena. Até lá, faz a felicidade dos salões da aristocracia, onde seus talentos são apreciados no mais alto grau. É recebido nas grandes famílias, os Lichnowsky, os Razumovski, os Lobkovitz, os Liechtenstein, nomes que nos são ainda próximos, mas somente porque aparecem nas dedicatórias de suas obras... O príncipe de Lichnowsky é o seu anjo da guarda: hospeda-o na sua casa, assegura seu renome junto às pessoas importantes de Viena, encoraja seus trabalhos de composição, tocando-os ele mesmo ao piano. Sua mulher, a princesa Cristina, revela-se uma anfitriã zelosa, mas um pouco incômoda. "Por pouco", dirá Beethoven a Schindler, "a princesa não me põe numa redoma de vidro, a fim de que ninguém me toque ou aproxime de mim sua respiração."[7]

Que magnetismo possui esse jovem para ser cercado de tanta solicitude? Ele representa certamente um novo tipo de artista, uma curiosidade não habitual. Enquanto Haydn e Salieri apresentam-se nos salões com peruca, enfeitados de pó, com meias de seda e sapatos conforme a moda, Beethoven comparece com roupas comuns. Sua aparência é pouco cuidada, como testemunha uma senhora que assistiu às suas primeiras aparições na sociedade, a sra. Von Bernhardt:

> Ele era baixo e sem atrativos, com um rosto vermelho e feio, coberto de marcas de varíola. A cabeleira era castanha e caía quase em mechas em volta do rosto. As roupas eram muito comuns, sem aquela desenvoltura que estava então em moda. Além disso, falava muito em dialeto e com uma maneira de se exprimir bastante vulgar; e, como nada na aparência lhe

ocultava a personalidade, não parecia nem um pouco amaneirado nos gestos e nas atitudes.[8]

Um ano depois de sua chegada a Viena, Beethoven envia uma carta a Eleonore von Breuning. Não apenas não a esqueceu, como o desentendimento entre eles, que precedeu sua partida, continua a atormentá-lo. Que palavras irreparáveis teriam sido pronunciadas por Ludwig, ou talvez por Lorchen, para que as coisas tivessem se envenenado daquela maneira? Essa carta nos diz muito sobre o caráter de Beethoven, irascível, colérico, questionador, depois lamurioso por seus arrebatamentos e suplicante por perdão:

> Quando a fatal discussão me voltou ao espírito, a minha conduta de então me pareceu abominável! Mas está feito. Oh, quanto eu daria para apagar da minha vida, se fosse possível, uma maneira de agir tão desonrosa e, aliás, diametralmente oposta ao meu caráter![9]

O que teria se passado? Podemos imaginar: uma explosão violenta de Ludwig, cujo caráter orgulhoso e íntegro suportava mal a situação vivida na casa dos Breuning, de quase filho adotivo devedor a seus anfitriões, humilhado por ser utilizado como professor de música de uma jovem por quem está apaixonado e que o mantém à distância. Um mal-entendido, atiçado por palavras ouvidas e alimentado pela ausência de explicações. Uma confusão de sentimentos, em que laços fraternos se misturam a desejos obscuros. O fato é que, para obter seu perdão, Ludwig dedica a Lorchen uma obra composta para ela, variações sobre a ária de "*Se vuol ballare...*" das *Bodas de Fígaro*, de Mozart, na qual Fígaro, coincidentemente, desafia o conde que quer lhe roubar a mulher que ama... Detalhe tocante, na mesma carta ele pede a Lorchen para lhe tricotar um colete de angorá, pois o que ela lhe deu em Bonn, e que ele conserva com devoção, está fora de moda! Uma coisa é certa: ele permaneceu profundamente enamorado por Eleonore von Breuning. Beethoven, coração pronto a se inflamar, a se desprender e a voltar a antigos amores, como que obcecado pela angústia da perda.

Joseph Haydn torna a partir para Londres em janeiro de 1794. Antes da partida, confia seu indócil discípulo ao professor mais reputado de Viena, Johann Georg Albrechtsberger, organista da corte, mestre de capela da catedral. Ele dará lições a Beethoven durante treze meses, de janeiro de 1794 a fevereiro de 1795. Esse músico conheceu um momento de glória como compositor. Quatro anos mais jovem que Haydn, escreveu sinfonias, quartetos, concertos, mas sua reputação de compositor ficou para trás e ele dedica a maior parte do tempo ao ensino – um ensino dos mais clássicos: para atingir o domínio da composição, ele preconiza ater-se à tradição de Fux, cuja teoria é baseada na fuga e no contraponto. Pacientemente, três vezes por semana, Albrechtsberger ministra suas lições a Beethoven, que tem a particularidade, própria aos temperamentos fortes e às personalidades que têm uma meta na vida, de não poder suportar nenhuma diretiva, de se furtar às disciplinas acadêmicas, entregando-se a elas sozinho, como autodidata, quando necessita delas para seu trabalho de composição. No entanto as lições do novo mestre terão uma influência real sobre ele, embora considerasse Albrechtsberger um pedante retrógrado, mestre consumado na "arte de fabricar esqueletos musicais".[10] Influência sensível sobretudo no acesso à música religiosa e numa escolha mais ampla do repertório barroco nesse domínio: Allegri, Bach, Caldara, Fux, Haendel, Lassus, Palestrina, toda a cultura musical que ainda falta ao jovem Ludwig para fazer dele um mestre completo, que recolhe as heranças para ultrapassá-las. Falou-se muito que os dois não se entendiam e mal se suportavam. No entanto, vinte anos mais tarde, Beethoven, no auge da glória, dará lições gratuitas ao neto de Albrechtsberger, reconhecendo no velho professor um exemplo cuja influência o marcou. Por seu lado, Albrechtsberger teria declarado um dia que seu aluno nada havia aprendido e que jamais faria algo de bom. É que Ludwig, como todos os impacientes, quer queimar etapas e mandar ao diabo os exercícios de escola. Para ele, a música não se reduz a uma técnica de composição já levada por outros ao mais alto grau de perfeição, como a fuga. Como ser um criador maior que Bach? Aliás, a fuga é um procedimento ausente de suas primeiras composições da juventude e ele só a utilizará em pequenos trechos, livremente, conforme suas necessidades, até que toda a sua aprendizagem se mostre sublimada, por volta do fim da vida, na composição grandiosa da *Grande Fuga*. Em suma, recusando-se a curvar-se às regras antigas, Beethoven não terá outra escolha senão reinventar certas formas da escrita musical para impor seu próprio mundo, inventar estruturas novas, usar de todos os recursos instrumentais e de orquestra para emitir sonoridades de tons inéditos.

O mesmo em relação à ópera, cujo grande mestre em Viena, depois da morte de Mozart, é Antonio Salieri. Esse músico estimável, que uma tradição duvidosa iniciada por Púshkin transformou em assassino de Mozart, é na verdade um mestre na arte de composições dramáticas grandiloquentes (tentativas recentes de reabilitação confirmam amplamente essa tendência a uma ênfase pouco inventiva). As relações entre Beethoven e Salieri são boas, talvez porque o músico de corte, intrigante e cioso do seu poder, não veja no jovem virtuose do piano um possível rival no domínio da ópera. O futuro lhe dará razão: Beethoven não tem pelo teatro e pela ópera "à italiana" os dons evidentes de um Mozart. Seria porque não gostava da futilidade, do artificialismo da ópera? Dez anos mais tarde, porém, ele fará uma experiência: será a longa novela de *Fidelio*, única tentativa.

Por ora, nesse ano de 1794, ele não passa o tempo todo tomando lições: também compõe. Três sonatas para piano, dedicadas a Haydn, certamente por diplomacia. Ao ouvi-las no seu regresso de Londres, em 1795, na casa do príncipe Lichnowsky, Haydn teria dito a Beethoven "que ele não carecia de talento, mas lhe faltava ainda instruir-se".

Necessidades prementes começam a surgir. Em Bonn, a situação é ruim. A guerra ameaça o funcionamento do império. Em junho, os austríacos são vencidos em Fleurus pelo exército de Sambre-et-Meuse. Em outubro, a margem esquerda do Reno é ocupada pelas tropas de Marceau e Kléber. O eleitor

Maximiliano Francisco, antes de fugir, não tem outra escolha senão dispensar os artistas a seu serviço e fechar o teatro: Beethoven não tem mais rendimentos fixos.

Como viver? Agora ele é um homem sem ter a quem servir, livre – e um dos primeiros artistas a gozar dessa liberdade. Poderia de novo se colocar a serviço de um desses príncipes mecenas que dispõem de um músico particular: ele se recusa. Mesmo na casa de Lichnowsky, que o trata com a maior consideração e busca por todos os meios cativá-lo, mostra-se um hóspede independente, recusando-se até a jantar na casa do príncipe porque o horário não lhe convém! Amigo, tudo bem; lacaio, nunca.

Ele dá aulas, embora esse trabalho lhe repugne. Para não se aborrecer, tem pequenos namoricos com suas jovens alunas, se forem bonitas. Lorchen não parece mais habitar seus pensamentos. E ele pensa em ganhar algum dinheiro com suas primeiras composições através da publicação delas. Essa busca por editores é uma das ocupações principais dos primeiros anos da sua carreira: dedica tempo e energia a isso, pedindo inclusive a colaboração de seus irmãos nessa tarefa quando estes forem se encontrar com ele em Viena... Busca contatos em Viena, mas também em Praga, em Berlim e mesmo em Bonn, onde seu amigo Simrock acaba de fundar uma editora musical. É a ocasião de uma carta muito interessante, datada de agosto de 1794, na qual ele dá seu parecer sobre a situação em Viena:

> Aqui faz muito calor, os vienenses estão inquietos, em breve não poderão mais encontrar gelo, pois no inverno fez tão pouco frio que o gelo é raro. Estão prendendo várias personalidades aqui; dizem que vai haver uma revolução – mas eu acho que, enquanto o austríaco tiver cerveja escura e salsichas, ele não se revoltará. Em suma, os portões dos arrabaldes devem ser fechados às dez da noite. Os soldados têm as armas carregadas. Ninguém ousa falar muito, caso contrário é preso.[11]

O retorno a Bonn está descartado. O que ele faria lá? Viena lhe oferece a promessa de uma carreira notável, no centro do império. E, mesmo se houver revolução, ele saberá escrever a música dos novos tempos. Aliás, em outubro é o próprio Wegeler que chega a Viena. Na Bonn ocupada pelos franceses, a situação se tornou difícil.

Beethoven é um pianista reconhecido, admirado, temido pelos colegas, capaz de entusiasmar e comover os salões onde se apresenta e que constroem as reputações. Às vezes, após ter feito caírem lágrimas dos olhos dos ouvintes, ele se levanta, dá uma gargalhada e lança, fechando ruidosamente a tampa do piano: "Vocês são todos loucos!". Mas ele ainda não se apresentou nenhuma vez numa sala de concertos.

Isso acontecerá no final de março de 1795, durante três concertos sucessivos dados no Burgtheater. Toca ali um concerto de Mozart, improvisa e principalmente, diz uma nota do *Wiener Zeitung*, recolhe "a aprovação unânime do público num concerto inédito para *pianoforte* composto por ele mesmo".[12]

Desse concerto, em si bemol maior op. 19, hoje conhecido como o de número 2, ele dirá, cinco anos mais tarde, que não o considera como uma de suas melhores obras. Terminou-o às pressas, premido pelo tempo na antevéspera da apresentação, doente, com problemas intestinais, preenchendo furiosamente as pautas que ia passando aos copistas, e a parte do piano não estava escrita: isso será feito mais tarde, para publicação. Trata-se de uma festa para o solista: ele pode improvisar, brilhar o quanto quiser na cadência, conservando só para si essa parte da obra, maneira de protegê-la e de deflorá-la apenas no concerto. Somente a edição, mais tarde, fixará a obra para sempre e para os pianistas do futuro.

Esse concerto é um grande sucesso, primeiro passo de uma caminhada que Ludwig sonha triunfal. Pouco depois, em maio, ele oferece ao editor Artaria três trios, os do *opus* 1. Um testemunho precioso embora indireto, pois seu autor não estava em Viena na época, nos chegou sobre a apresentação desses trios: é o de Ferdinand Ries, futuro aluno de Beethoven e futuro autor, com Franz-Gerhard Wegeler, de um livro de encontros com Ludwig van Beethoven, intitulado *Notas biográficas*, no qual lemos o seguinte:

> A maior parte dos artistas e dos amadores de Viena tinham sido convidados, particularmente Haydn, sobre cujo julgamento tudo se decidia. Os trios foram tocados e provocaram de imediato uma impressão extraordinária. O próprio Haydn concordou, mas aconselhou Beethoven a não publicar o terceiro trio em dó menor. Isso surpreendeu Beethoven, que considerava esse trio como o melhor dos três; é desse modo também que o consideram ainda hoje, na maioria das vezes; foi o que produziu mais efeito. As palavras de Haydn, portanto, causaram má impressão em Beethoven, levando-o a pensar que Haydn estava com inveja, com ciúme, e não gostava dele.[13]

Relações decididamente pouco serenas entre esses dois gigantes da música. Apesar da admiração, do respeito, da afeição. Em 1801, os dois voltam a se encontrar. Beethoven ouviu *A Criação*, uma das últimas obras-primas do velho mestre, e este o balé de Beethoven, *As Criaturas de Prometeu*.

– Ouvi seu balé ontem à noite – diz Haydn –, gostei muito.

– Ó, caro papai – responde Beethoven –, está sendo gentil, mas não é uma *Criação*, falta muito para chegar lá.

E Haydn, dando um tempo para refletir:

– É verdade, não é uma *Criação*, e acho que dificilmente você faria igual, pois é um ateu.[14]

Amores, amizades...

Apesar disso, o "ateu", o "Grão-Mogol", vai abrindo seu caminho na alta sociedade vienense. Inclusive toma aulas de dança a fim de parecer menos acanhado nos saraus. Mas, embora um pouco mais civilizado, ele nada perde de suas maneiras rústicas e do seu caráter difícil. "Vi a mãe da princesa Lichnowsky, a velha condessa Thun, se pôr de joelhos diante dele, estendido num sofá, implorando para ele tocar alguma coisa"[1], relata a sra. Von Bernhard. Ele é adulado e não recusa o prazer dessa satisfação narcísica. Mesmo suas maneiras rudes contribuem para criar sua lenda: por que se privar disso?

Mas seus momentos de cólera não são fingidos: na verdade, ele detesta tocar em público quando sente que é apenas uma das atrações da noite, e quando o tratam como alguém que "deve nos tocar alguma coisa". Seu orgulho torce o nariz, a ideia elevada que faz da sua arte revolta-se quando deve servir apenas de ornamento e distração. Acontece-lhe de se levantar furiosamente, de fechar o piano, de sair da peça resmungando, se o público se mostra desatento ou tagarela. Beethoven não é música de fundo!

Ele vai à ópera acompanhado de pessoas encantadoras. É longa a lista de mulheres jovens que ele corteja de maneira um tanto apressada. Suas tentativas de conquista feminina são breves e variáveis. Provavelmente platônicas, quando se referem a moças da nata da sociedade. Mas há também criadas e damas menos ariscas. "Em Viena", escreve Wegeler, testemunha confiável da vida do amigo, "pelo menos enquanto estive lá, Beethoven estava sempre envolvido num caso amoroso e, durante esse tempo, obteve conquistas que teriam sido muito difíceis, se não impossíveis, a mais de um Adônis."[2] Ele ama por ímpetos, por caprichos, talvez várias mulheres ao mesmo tempo, o que não é uma idiossincrasia masculina tão rara.

E há também o enigma, sobre o qual se acumulam tantas informações e o trabalho constante dos biógrafos desde mais de um século, relativo à sua saúde. Desde a juventude ele sofre de males diversos, antes mesmo do grande drama da surdez: a varíola contraída na infância lhe deixou, além do rosto profundamente marcado, uma deficiência oftálmica. Com frequência é vítima de crises de enterite. Sua dupla herança, alcoolismo paterno e tuberculose materna, não contribui em nada para que ele tenha uma boa saúde. E hoje é mais do que provável que um outro mal, em Viena, tenha se acrescentado a seus dissabores: a sífilis, pela qual Ludwig teria sido contaminado nos primeiros meses nesta cidade. Ao longo de todo o século XIX e mesmo depois, os biógrafos, assustados por essa escabrosa circunstância na vida do deus da música ocidental[3], usaram de infinitas precauções para evocar essa doença (sem falar da destruição, por Schindler, de inúmeros documentos, grande parte deles dos *Cadernos de conversação*, para nada deixar transparecer das vicissitudes demasiado humanas do seu herói. Esse crime nos priva de informações essenciais sobre o desenvolvimento do pensamento de Beethoven e sobre sua vida íntima).

Essas relações inconstantes, quando não volúveis, com as mulheres não são muito mais amenas com o círculo de amigos que Beethoven frequenta em Viena. Mesmo Wegeler, o mais querido e o mais próximo, sofre às vezes com as violentas mudanças de humor que o eruptivo Ludwig lamenta em seguida. Após uma discussão cujo motivo nos é desconhecido, ele escreve a Wegeler uma carta suplicante na qual se justifica e pede perdão. Assegura que na sua atitude não houve nenhuma maldade premeditada: "Sempre fui bom e sempre procurei ser correto e honesto nas minhas ações, caso contrário você não poderia ter gostado de mim. Teria eu mudado em tão pouco tempo, de maneira tão terrível e em meu desfavor? – Impossível. Teriam os sentimentos do que é grande e bom se extinguido todos em mim de repente?"[4]. Há nele uma espécie de dupla personalidade que se manifesta por crises, uma violência temida, difícil de controlar, provavelmente guardada nas lembranças da infância e na imitação inconsciente do pai. Porém, essa violência também se concentra nos projetos criadores, na vontade de transformar em ouro a lama da infância, de lhe dar a forma de uma mensagem universal de amor e de fraternidade.

No outono de 1795, seus dois irmãos, Karl e Johann, agora sem recursos em Bonn, desembarcam em Viena. Essa nova responsabilidade não é pequena para Ludwig. Ele ama os irmãos, mas na maior parte do tempo estes o exasperam, e serão para ele uma preocupação constante. Karl, o segundo, "baixo, de cabelos ruivos, feio", diz uma testemunha, fez estudos musicais em Bonn, mas nem de longe se aproxima do talento do irmão. Quanto a Johann, o caçula, é descrito como "alto, moreno, bonito e às vezes dândi".[5] "Um pouco tolo, mas de uma bondade natural"[6], afirma uma certa sra. Karth, que conheceu bem os três Beethoven. Tolo, com toda a certeza. Em relação à "bondade natural", é o caso de duvidar.

Muito foi dito e escrito sobre esses dois personagens vistos como odiosos parasitas, sanguessugas grudados no gênio do irmão. A realidade é menos dramática, e mais medíocre – como eles. Em Viena, Karl prossegue seus estudos musicais e cuida dos negócios do irmão mais velho, ou seja, desempenha o papel de um secretário e vagamente de empresário. Aproveita-se disso para vender as obras de Ludwig, às vezes sem que este saiba disso, a vários editores ao mesmo tempo. Karl e Johann têm a triste mania de vasculhar fundos de gaveta e trocar por dinheiro obras que Beethoven não quis publicar, julgando-as indignas do seu talento. Não é raro que as discussões entre Ludwig e Karl terminem em pugilato, como num dia em que Karl resolveu vender a um editor de Leipzig as três sonatas para piano do *opus* 31 (que inclui esta obra-prima, a sonata em ré menor intitulada *A tempestade*) que Ludwig prometera a um editor de Zurique. Assim transcorrem as relações familiares entre os Beethoven: à flor da pele, violentas, no entanto indestrutíveis, como ocorrerá mais tarde no famoso caso do outro Karl, sobrinho de Ludwig.

Por ora, nesse ano de 1795, Beethoven trabalha nas sonatas para piano do *opus* 2, dedicadas a Haydn. Elas já são tão singulares, tão "beethovenianas" no estilo, que é tempo de nos perguntarmos sobre a maneira própria e já perceptível do compositor, com aquela força e aquele dinamismo amplamente inspirados e condicionados por seus talentos de improvisador, a improvisação relacionada tanto à performance musical quanto aos jogos de salão e à competição. Em Viena, nas disputas em que o pianista deve medir forças com os recém-chegados e vencer todos os desafios, é Beethoven o campeão, como relatam divertidamente Brigitte e Jean Massin:

> O século XVIII adorava os duelos em que se opunham dois executantes rivais; a cada ano um novo campeão chegava a Viena e toda a alta sociedade se comprimia para vê-lo medir-se com o herói do momento; assim Beethoven, ao chegar, enfrentou Gelinek. Agora é ele, por assim dizer, o detentor do título; em 1797, Steibelt o desafia; em 1798, Joseph Wölfl; nos anos seguintes, Cramer, Clementi, Hummel. De cada um desses duelos temos um monte de histórias, mas todas se reduzem ao mesmo esquema: a) "o outro" (do qual somente o nome varia) toca com uma perfeição, uma pureza, uma delicadeza invariavelmente dignas de Mozart; b) Beethoven está de mau humor: põe-se ao piano, bate nas teclas como um bruto, começa a improvisar, faz chorar todo mundo e deixa o rival em frangalhos. Isso aconteceu com Wölfl, mas este foi talvez quem melhor se defendeu. É preciso dizer também que ele tinha mãos tão grandes que era capaz de abarcar treze teclas![7]

Uma testemunha da época, Junker, músico amador e compositor, dá suas impressões, em 1791, ao *Musikalische Korrespondenz*:

> Também ouvi um dos maiores pianistas, o caro e bom Bethofen (*sic*) [...] A grandeza desse homem amável e despreocupado, como virtuose, se deve, a meu ver, à infatigável riqueza de suas ideias, ao estilo geral característico da expressão, quando toca, e à grande habilidade de execução. Não sei de nada que

lhe falte daquilo que leva um artista à grandeza. Ouvi Vogler [...] várias vezes durante mais de uma hora, e nunca deixei de me maravilhar com sua técnica espantosa; mas Bethofen, além da execução, possui mais clareza e peso nas ideias, e mais expressão; em suma, ele fala mais ao coração, tão grandioso no adágio quanto no alegro. Sua maneira de tratar o instrumento é tão diferente da comumente adotada que sugere a ideia de que, por um caminho de sua invenção, ele atingiu o topo da excelência onde se encontra no presente.

"Um caminho de sua invenção." É o que literalmente se manifesta nas três primeiras sonatas do *opus* 2, nas quais nunca se ouviu o instrumento tratado com tal vigor, tal intensidade – o que por certo foi estranho e desconcertante para os primeiros ouvintes. "Não se trata apenas da direção que tende para o ideal", observa Wasielewski, "da intensidade de expressão, mas também da predominância de idiotismos muito característicos, engendrados pela sensibilidade original de Beethoven. Por exemplo os cruzamentos rítmicos, as séries de síncopas, as acentuações fortes dos tempos fracos do compasso e a obstinada repetição de certas frases, como na coda do *scherzo* da *Sonata em dó menor* nº 3, com seu motivo de abertura."[8] Nunca, de fato, o piano foi utilizado com tamanha amplitude quase orquestral, a mão esquerda ultrapassando seu papel de acompanhamento ou de elemento de contraponto para assumir uma função autônoma, como um elemento de orquestra. Durante toda a sua vida, repetimos, Beethoven buscará o piano do futuro, pressionando os fabricantes para que concebam um instrumento à sua altura. Ele sabe que com suas obras já tomou um caminho que ninguém explorou antes dele, e que somente assim encontrará sua salvação artística. Como ir mais longe, mais alto que Mozart, na linguagem de Mozart? Impossível. Ao ouvir uma execução do *Concerto* K. 491, o 24º, Beethoven disse um dia a Cramer: "Cramer! Cramer! Nunca seremos capazes de fazer igual".[9]

É preciso portanto fazer outra coisa, de um outro modo, afirmar a personalidade, elevar o tom, fazer do músico dos novos tempos não mais um escudeiro, mas um herói.

O júbilo do virtuose às vezes se traduz em obras ocasionais, mas absolutamente irresistíveis. É talvez dessa época, 1795, que data um extraordinário rondó, chamado de *O vintém perdido* ou *Cólera a propósito de um vintém perdido*. Ainda hoje essa peça humorística, publicada após a morte de Beethoven, assegura o sucesso dos pianistas que a tocam em concerto.

Beethoven tem amigos em Viena. Mas quem são seus rivais? Quanto à virtuosidade pianística, a causa está resolvida: ninguém. Mas quanto à composição? Por certo ele não é em Viena o único candidato à sucessão de Mozart, ou até à de um Haydn envelhecido, que Ludwig vigia com o canto do olho, sonhando ultrapassar sua glória. Um pianista inglês de origem italiana, Muzio Clementi, incontestável virtuose e hábil compositor, parece por um tempo ser capaz de ofuscá-lo. Os dois se cruzam às vezes, se saúdam sem se falar. Luigi Cherubini poderá também lhe causar alguma inquietação, um pouco mais tarde, pela inspiração sinfônica, geralmente tonitruante, de suas óperas. Quanto a seus colegas diretos, com quem tem contato, como seu amigo Reicha, eles dificilmente rivalizariam com essa força em marcha que sente próxima a hora do reconhecimento. Assim, é sem muita angústia que ele pode empreender, no começo de 1796, uma viagem de conquistas rumo a outras cidades europeias.

Essa viagem começa por Praga. Depois Dresden, Leipzig, Berlim: uma turnê de concertos, como se diz hoje, que se revelará triunfal. A reputação de Ludwig van Beethoven como virtuose do piano o precedeu nessas cidades: ele é um *pop star*. Sua viagem, inicialmente prevista para algumas semanas, vai durar seis meses.

Um *pop star*: a palavra não é demasiado forte se aceitarmos o anacronismo semântico. Sua maneira de tocar piano, que combina com a sensibilidade tumultuosa de um tempo voltado aos impulsos das paixões, desbanca a maneira antiga. Era isso que as pessoas esperavam. Elas vêm prestigiar o fenômeno dispostas a todas as emoções, a todos os soluços.

Ainda não há gritos histéricos, mas é porque todos se contêm. Beethoven ao piano, guardadas as proporções e descontados os amplificadores, é Jerry Lee Lewis e seu furor, Elvis Presley e seu rebolado, os Beatles no Olympia de Paris: um furacão. Ao ouvi-lo tocar, a velha guarda musical se insurge: um correspondente anônimo do *Jornal Patriótico dos Estados Imperiais e Reais*, datado de outubro de 1796, acusa o "ídolo de um certo público, esse Van Beethoven cedo demais admirado", "de negligenciar todo canto, todo equilíbrio na técnica, toda delicadeza e toda clareza, de surpreender apenas pela originalidade sem tê-la (*sic*), e de tudo sobrecarregar e exagerar na interpretação e na composição. Ele se apodera de nossos ouvidos, não de nossos corações". É verdade que tamanha força é capaz de desconcertar os rabugentos do conservadorismo e os defensores da "boa música de antigamente": nessas composições, o entusiasmo dionisíaco do virtuose se traduz por uma inovação importante, já iniciada por Haydn, mas como que levada à incandescência por um temperamento explosivo: Beethoven substitui o minueto, forma elegante e um tanto ultrapassada das danças da corte, pelo *scherzo* ("brincadeira" em italiano), dança popular em que a força rítmica irrompe como uma pulsação primitiva. Ele vai desenvolver as possibilidades dessa forma até em suas últimas obras, a sonata *Hammerklavier*, ou o obsessivo e fabuloso segundo movimento da *Nona Sinfonia*...

Em Praga ele é acompanhado por Lichnowsky, que lhe serve de guia e lhe abre as portas da alta sociedade. Essa cidade maravilhosa, uma das mais belas do mundo e das mais melômanas, assegurou o triunfo de Mozart uns dez anos antes: *As Bodas de Fígaro*, *Don Giovanni*, *A Clemência de Tito* encontraram na capital da Boêmia um público entusiasta, muito mais do que em Viena. Beethoven segue as pegadas de Mozart. Hospeda-se no mesmo lugar que ele, no Licorne de Ouro, talvez no mesmo quarto. Em 19 de fevereiro, escreve uma carta entusiasmada a seu irmão Johann: "Antes de mais nada, vou bem, muito bem. Com minha arte conquisto amigos e renome, o que mais desejar? E desta vez vou ganhar um bom dinheiro".[10]

Em Praga, onde fica até abril de 1796, Beethoven compõe uma importante ária de concerto sobre um texto de Metastásio, *Ah, Perfido*, para soprano e orquestra, dedicada à condessa Joséphine Clary, mas na verdade escrita para uma jovem cantora, Josepha Dussek, um dos seus mais belos êxitos para a voz... O ambiente acolhedor da cidade lhe inspira também um *Sexteto para instrumentos de sopro* (op. 71) e a encantadora *Sonata em sol menor* (op. 49, nº 2).

Em Leipzig ele saúda a memória de Johann Sebastian Bach, em Dresden toca diante do Eleitor da Saxônia. Berlim é a última etapa dessa viagem coroada de sucesso: como os convites se multiplicam, ele fica ali mais tempo do que o previsto, até julho. Talvez seus últimos meses de verdadeira despreocupação. Para o violoncelista francês Jean-Louis Duport, compõe duas de suas belas sonatas para violoncelo e piano. Mas encontra também o meio de se desentender passageiramente com o compositor Friedrich Himmel. Tendo este lhe pedido para improvisar diante dele, Beethoven toca e pede a Himmel que lhe faça a mesma cortesia:

> Himmel cometeu a fraqueza de consentir, mas, depois de tocar durante um tempo bastante longo, Beethoven lhe disse: "Muito bem! Mas quando começará para valer?".[11]

Seguiriam algumas trocas de palavras indelicadas. "Achei realmente que Himmel estava apenas preludiando um pouco"[12], disse depois Beethoven a um aluno, rindo muito. Os dois se reconciliaram. Porém, alguns meses mais tarde, Himmel escreve a Beethoven contando que descobriram em Berlim uma lanterna para os cegos. Ludwig logo pede esclarecimentos, antes de perceber que Himmel estava zombando dele.

Despreocupação, sim. Um pouco de embriaguez também, a embriaguez do conquistador que pensa que nada lhe resistirá. Suas obras são publicadas, seus concertos atraíram multidões. Mas, ao voltar de Berlim, ele conhece os primeiros sinais da catástrofe que está por vir.

Os anos de crise

Durante o verão de 1796, Beethoven adoece. Num dia de calor, volta para casa, despe-se e põe-se à janela para se refrescar. Ele costuma cometer essas imprudências e nunca teve muito cuidado com seu físico vigoroso de forte musculatura, às vezes usando métodos rápidos. Gerhard von Breuning é quem relata:

> Quando ele ficava muito tempo sentado a compor em sua mesa e sentia a cabeça ardendo, tinha sempre o hábito de correr ao banheiro e despejar um jarro de água sobre ela; assim refrescado e secando-se rapidamente, voltava ao trabalho ou fazia um passeio ao ar livre. [...] a água com que havia molhado sem parar a cabeça escorria em tal quantidade no soalho que penetrava e vazava no teto dos locatários de baixo.[1]

É talvez ligado a esse procedimento que se manifestam os primeiros sinais da surdez, mas nada prova que seja essa a causa. A propósito dessa afecção, que aos poucos se agravará até chegar, em 1818, a uma surdez total, muitas hipóteses foram aventadas. Otite seca? Disfunção associada a problemas intestinais, como pensa Wegeler, seu amigo médico? O corpo de Beethoven é uma mistura singular de saúde frágil e de robustez, assim como no seu espírito se opõem desequilíbrio afetivo, melancolia e energia indomável empenhada em elaborar estruturas musicais rigorosas e grandiosas. Sua capacidade de trabalho sempre foi fora do comum. Desde os catorze ou quinze anos de idade, raramente passou alguns dias sem escrever música. Além das obras oficialmente repertoriadas, o catálogo das composições que datam da sua primeira juventude, esse catálogo das obras sem *opus* (WoO, "*Werke ohne opus*"), é calculado em cerca de 150 trabalhos: peças menores, esboços, ensaios, mas também obras já acabadas, sobretudo variações para piano. Longa conquista do domínio da sua arte. Mas a surdez, longe de deter esse impulso, irá estimulá-lo. "Coragem!", ele escreve no começo do ano 1797. "Apesar de todas as fraquezas do corpo, meu gênio deve triunfar. Estou com 25 anos, é preciso que este ano revele o homem completo. Nada mais deve restar a fazer."[2]

Ele continua a se acreditar dois anos mais jovem do que sua idade real. A confusão vai durar até 1810!

A verdade sobre seus problemas auditivos será guardada por muito tempo em segredo. É aí, longe das lendas e das hagiografias, que devemos buscar o heroísmo de Beethoven, nessa vontade de viver e de criar apesar do sofrimento, da angústia e de uma surdez crescente. Um heroísmo à altura do homem.

Em 29 de junho de 1801, ou seja, quatro anos após os primeiros sinais, ele escreve a Wegeler relatando que "seus ouvidos continuam a zumbir e a mugir noite e dia". E prossegue:

> Posso dizer que levo uma vida miserável. Há quase dois anos evito encontros em sociedade, pois não posso dizer às pessoas: sou surdo. Se eu tivesse outra profissão, ainda seria possível; mas na minha é uma situação terrível. E o que diriam meus inimigos, que não são poucos? – Para te dar uma ideia dessa estranha surdez, direi que no teatro devo me colocar junto à orquestra para compreender os atores. Não ouço os tons elevados dos instrumentos e das vozes quando me coloco um pouco distante.[3]

Nas conversas, suas respostas evasivas ou a ausência de uma réplica são postas na conta da distração ou da desenvoltura...

Em 1797, a surdez nascente não é mais do que um estorvo e uma fonte de angústia. Seu remédio: o trabalho. A produção desses anos é mantida: três sonatas para piano, as do *opus* 10, "o que de melhor escrevi até agora"[4], diz ele; os três trios para cordas do *opus* 1, três sonatas para violino e piano; um concerto para piano e orquestra em dó maior, que leva hoje o nº 1, provavelmente escrito em 1794-1795, mas corrigido mais tarde para publicação.

As sonatas, como de resto toda a música de câmara, são preciosas, revelam a evolução de Beethoven ao longo da sua vida criadora. O mesmo se aplica ao quarteto de cordas, gênero no qual ele produzirá algumas de suas obras mais profundas, mais inovadoras. As sonatas para piano do *opus* 10 são composições espantosas – a terceira, em particular, conhecida como a de nº 7 entre as 32 que compôs: profundeza meditativa do movimento lento que traduz um estado de intensa melancolia, como uma oposição da sombra e da luz. Muitos reconheceram nela a angústia dos primeiros ataques da surdez. O próprio Beethoven teria dito a seu biógrafo Schindler, que lhe perguntou o sentido desse movimento: "Leia *A tempestade* de Shakespeare".

Mas a obra mais marcante e mais célebre desse período é a *Sonata Patética*, dedicada ao príncipe Lichnowsky, na qual se exprime ainda mais nitidamente a oposição, o dualismo que se desenvolve no pensamento musical do Beethoven desses anos. Nessa *Sonata Patética*, observa Vincent d'Indy de maneira muito esclarecedora, embora um tanto estereotipada, "à medida que as duas ideias expostas e desenvolvidas nas peças de forma sonata se aperfeiçoam, constatamos que elas se comportam de fato como seres vivos, submetidos às leis fatais da humanidade: simpatia ou antipatia, atração ou repulsa, amor ou ódio e, nesse perpétuo conflito, reflexo da vida, cada uma dessas ideias oferece qualidades comparáveis às que sempre foram atribuídas respectivamente ao homem e à mulher".[5] É desse modo, acrescente-se, que no primeiro movimento da *Sonata Patética* se opõem duas ideias, duas sensibilidades, dois universos: o masculino, brutal, poderosamente ritmado; o feminino, elegante, flexível, delicadamente melódico.

Tal é a evolução da expressão musical de Beethoven antes dos seus trinta anos. E, no plano formal, as inovações que impõe com cada vez mais autoridade, ainda que choquem os conservadores, o fortalecem no seu caminho. "As coisas vão indo bem para mim, posso dizer que cada vez melhor"[6], ele escreve a Wegeler em 29 de maio de 1797.

É verdade também que novos amores surgem em sua alma. Wegeler empreende junto a Lorchen uma corte assídua que terminará em casamento, e Beethoven dará sua bênção. Por seu lado, ele se apaixona por uma de suas alunas, Anna Luisa Barbara von Keglevics, a Babette, a quem dedica sua famosa *Sonata nº 7*, as variações do *opus* 32, enquanto prepara seu primeiro concerto para piano. Teria havido entre eles "sentimentos compartilhados" e Beethoven lhe dava aulas, dizem, vestindo um robe. Alguns meses depois, é por uma jovem italiana, Cristina Guardi, que o coração inconstante de Ludwig se põe a bater: filha de um funcionário toscano, ela é uma artista, boa cantora, poetisa nas horas vagas, e desempenhará o papel de Eva em *A Criação*, de Haydn. Mais dois amores em vão? Em 1801, Babette desposa um príncipe. Quanto a Cristina, ela se casa no ano seguinte com o dr. Franck, filho de um médico amigo de Beethoven!

Instável, volúvel no amor, indiferente aos detalhes materiais do cotidiano. Somente uma coisa lhe importa, a glória. Ele gostaria de encontrar um editor que lhe desse uma renda fixa para não ter de se preocupar com nada, sobretudo para não perder tempo em pedidos estafantes e em discussões com os irmãos. Todo aquele que põe seu gênio em dúvida é violentamente rechaçado:

> Com homens que não têm fé nem estima por mim, só porque ainda não sou mundialmente celebrado pela fama, não posso ter relação alguma.[7]

A surdez nascente o envergonha. Ele se fecha em si mesmo. Seria por isso que não levaria adiante seus amores? A verdade é que seu modo de vida, as variações de humor, talvez as sequelas de uma doença não confessada, a obsessão devoradora pelo êxito artístico, o tornam menos apto do que nunca ao casamento. É possível também que a lembrança do casal formado pelos pais, da mãe sofrendo em silêncio, não lhe desse uma imagem radiosa dos laços matrimoniais...

A política continua a interessá-lo. Em fevereiro e março de 1798, a breve temporada em Viena do general Bernadotte, embaixador da jovem República francesa, reúne por um tempo os amigos da Revolução. Beethoven frequenta os salões da embaixada onde conhece o violinista Kreutzer, a quem dedicará uma famosa sonata.

Bernadotte, general jacobino de origem popular, é um fervoroso admirador de Bonaparte, símbolo do herói revolucionário. Testemunhas citadas por Schindler lhe atribuem a ideia de uma sinfonia em homenagem ao grande homem, a qual Beethoven se encarregaria de compor. Afinal, foi Bonaparte que impôs a paz à Áustria, em outubro de 1797, além de ser o glorioso vencedor da campanha da Itália. Nesse momento ainda é possível pensar que ele realiza, por suas vitórias militares, os ideais da Revolução, e não que aproveita os acontecimentos para construir seu império.

Na verdade, o projeto dessa sinfonia vai se desenvolver lentamente no espírito de Beethoven, e é muito provável que Schindler, como de hábito, manipule os fatos segundo sua conveniência. Nessa época Bonaparte ainda não é Primeiro Cônsul, mas sim um chefe militar de gênio cuja autoridade e o poder se afirmam aos poucos. Mas é certo que Beethoven, exasperado pela atmosfera policialesca que reina em Viena, se mostra cada vez mais afeito às ideias da Revolução.

Bernadotte não tarda a deixar Viena. A bandeira da embaixada da França foi arrancada. Por quem? Agentes do imperador? Homens do povo, a "canalha" atiçada por "emigrados" franceses que se abrigaram junto à aristocracia europeia ao fugir da Revolução? Bernadotte exige pedidos de desculpas. Não os recebendo, vai embora.

Qual será o futuro de Beethoven, se o estado da sua audição continuar piorando? Ele é tomado de angústias vertiginosas que se convertem em cólera contra os próximos, mas também em gracejos e pilhérias, o que manifesta um temperamento no mínimo desequilibrado. Os bilhetes que escreve aos amigos alternam doçura e dureza, são às vezes odiosos, às vezes marcados de um humor selvagem, sinal de uma vitalidade irreprimível. Ele se zanga e se reconcilia, debocha e protesta da amizade e da ternura. Ninguém escapa: Zmeskall, o compositor Hummel, seu rival e amigo. Um dia este é um "cão maldito", no dia seguinte o saúda com "um beijo na face".[8]

É talvez em razão desse caráter explosivo malcontrolado que ele faz amizade, ao voltar de sua segunda viagem a Praga, onde tocou seus dois primeiros concertos, com um homem que parece ser seu completo oposto. Chama-se Karl-Ferdinand Amenda. Nascido em 1771, estudou teologia e será pastor na Curlândia, fascinante região de florestas, lagos e castelos misteriosos na Letônia, essa terra esquecida nos confins do Báltico. Mas por ora o demônio da música o atraiu a Viena, onde vive e trabalha como leitor na casa do príncipe Lobkowitz e professor de música dos filhos de Mozart, pois é um excelente violinista. Desde sua chegada a Viena sonha conhecer Beethoven. Isso acontece uma noite na casa de Lobkowitz, onde Amenda toca violino num quarteto. Beethoven lhe diz que espera sua visita "para fazer música com ele".[9] Amenda logo comparece e os dois, como Bouvard e Pécuchet, se acompanham reciprocamente até uma hora avançada da noite.

Ligação amorosa, dizem alguns. Amizade à primeira vista, afirmam outros, certamente mais lúcidos*. Beethoven é dado a esses entusiasmos, quase sempre breves. Émil Ludwig, um de seus biógrafos, chegará a evocar a imagem de um Beethoven cercado de jovens favoritos, como foi Alcibíades para Sócrates:

> Beethoven teve o estranho hábito, entre os vinte e os cinquenta anos, de se cercar de jovens, em geral diletantes, aventureiros errantes e duvidosos, sempre muito belos e mais jovens do que ele. Ligava-se a eles com facilidade e os abandonava igualmente depressa. O doce Amenda, que tinha algo de São João, inaugura o séquito. Seguiram-se vários jovens da nobreza. Em geral Beethoven os tratava com intimidade, os acolhia com entusiasmo, para depois deixá-los cair no esquecimento.[10]

---

* Em particular Jean e Brigitte Massin. (N.A.)

Eis aí Ludwig nas vestes de Sócrates, um de seus heróis. Embora não sejam provas, abrem espaço para conjecturas. Mas, como ao mesmo tempo amigos confiáveis atestam a frequência e a riqueza de suas relações femininas, que já vimos, parece imprudente tirar conclusões apressadas. Suas amizades masculinas, numerosas, muitas vezes passionais, podem estar relacionadas a uma forma de bissexualidade ou ser apenas o resultado de um temperamento ardente nos seus afetos, numa época em que a amizade, como todos os sentimentos, é movida pelos tormentos da paixão. No fundo, ele não seria o primeiro, depois de Sócrates, Júlio César ou Jesus Cristo, a se cercar de uma corte de jovens admiradores, nem a acariciar os dois lados de Vênus.

Parece que o convívio com Amenda foi benéfico para canalizar os arrebatamentos, as angústias, a inadaptação radical de Beethoven à vida cotidiana, suas inabilidades, suas dificuldades financeiras. Num dia em que lamentava não poder pagar o aluguel, Amenda forçou-o a escrever algumas variações, um exercício muito apreciado e lucrativo, pois havia inúmeros estudantes de piano em Viena e esse tipo de composição vendia bem.

Muito se falou também que Amenda desempenhou um papel, junto a um Beethoven envolvido pela frivolidade da vida em Viena e avesso à religião, de conselheiro, contribuindo para lhe dar gravidade, seriedade e profundidade espiritual, como se não as tivesse. Algumas obras que precedem o encontro com Amenda não justificam muito essa tese, mas os carolas sempre têm necessidade de alimentar seus fantasmas de edificação moral. Seja como for, a amizade e a admiração de Amenda são seguramente uma etapa na constituição daquela fé inabalável em si mesmo, combinada com a certeza de ser o depositário de uma missão heroica ou mesmo messiânica. "Que o diabo os carregue, nada quero saber da moral de vocês!", ele escreve a Zmeskall em 1798. "A força é a moral dos homens que se distinguem dos outros, e essa é a minha."[11]

Beethoven encontrou em Amenda, por um tempo, uma espécie de irmão substituto, já que seus irmãos de sangue decididamente sempre cumpriram muito mal essa função... Aliás, pouco depois do começo dessa amizade, Beethoven pede em casamento Magdalena Willmann, cantora que ele conhecera em Bonn na infância e que se instalara em Viena em 1794. Ele a corteja desde sua chegada, à distância, segundo suas maneiras de amante volúvel, depois se declara sem ter recebido nenhum sinal de retorno. A reação da bela é previsível, com uma dose de caridade: "Beethoven? Ele é muito feio e meio louco!".[12]

Para consolar seu "coração dilacerado"[13], Beethoven pensa em aceitar uma viagem à Polônia, com todas as despesas pagas, no mês de setembro. Mas acaba desistindo. Pensa também, seguindo os conselhos de Amenda, em fazer uma viagem à Itália, onde a música é festejada e os músicos, dizem, adulados. Porém, Amenda não pode acompanhá-lo, chamado à Curlândia para um funeral: outro projeto abortado. O amigo fiel deixará Viena levando na bagagem o manuscrito do primeiro quarteto de Beethoven.

Ludwig não tem uma alma muito peregrina. As viagens são longas e perigosas nesses tempos difíceis em que soldados andam pelas estradas, penosas para quem tem a saúde frágil – e a dele não melhora.

Além do mais, atrativos novos o retêm em Viena...

Uma nova família

Os Brunsvik não são uma família qualquer. Ele os conhece em maio de 1799. Velha linhagem aristocrática da Hungria, rica, com pendores intelectuais e artísticos. O pai, Antônio II, conde de Brunsvik, morreu prematuramente em 1793, após ter educado os filhos no culto dos heróis da independência americana. Anna, a condessa, absorvida pela administração da herança, zela de longe pelos filhos: três moças, Teresa, Josefina e Charlotte, e um rapaz, Franz.

Eles estão em Viena para uma curta temporada de três semanas. A condessa, mulher de caráter e de autoridade, organizou a viagem com a intenção de arranjar marido para as filhas Teresa e Josefina, em idade de casar. Mas há encontros breves dos quais nascem amizades para uma vida inteira. Em Bonn, os Breuning foram para o jovem Ludwig uma segunda família. Em Viena, os Brunsvik terão esse papel. Desde sua chegada, a condessa quis conhecer Beethoven, esse prodígio do piano de quem todos falam, para fazê-lo dar aulas aos filhos. A mais velha, Teresa, que sofre de um pequeno defeito físico, é apaixonada por literatura e música. Ela relata de forma encantadora (e pouco modesta) essa temporada em Viena e o encontro do pequeno grupo com Beethoven, que se mostra assíduo às aulas e inclusive as prolonga com satisfação: "Não sentíamos fome antes das cinco da tarde".[1] Na mansão que ocupam, os vizinhos estão furiosos, pois as sessões de música se prolongam até tarde da noite, depois de saboreados os prazeres de Viena: "Éramos jovens, vívidas, infantis, ingênuas", acrescenta Teresa. "Quem nos via nos amava. Não faltavam adoradores."[2]

Obviamente Beethoven se apaixona. Por qual das duas irmãs? Ele escreve para elas variações sobre um poema de Goethe, *Ich denke deine* – "Penso em ti". Teresa? Josefina? "Não desejo senão isto:", escreve ele na dedicatória, "ao tocar e ao cantar essa pequena oferenda musical, lembrem-se de vez em quando do vosso muito devotado – Ludwig van Beethoven."[3]

No final do mês de junho, Josefina desposa na Hungria o conde Deym, um aristocrata que se esconde sob o pseudônimo plebeu de Müller, por conta de um duelo, e que mantém uma galeria de arte. Ele tem cinquenta anos, ela vinte. Mas é um homem bom. Mesmo assim Josefina, no dia do casamento, conta Teresa, lança-se desesperada a seu pescoço pedindo que se case com Deym em seu lugar.

Na família Brunsvik, nessa "pequena república", como diz Teresa, há também o irmão, Franz. É um jovem ardente, igualmente apaixonado por música e poesia, bem mais do que por conquistas femininas, o que lhe vale alguns gracejos. As irmãs, observa Romain Rolland, o apelidavam "o cavalheiro insensível", troçando da sua indiferença ao belo sexo. Esse rapaz tímido acabará por sucumbir, quando chegar aos quarenta anos, aos encantos de uma musicista.

Teresa permanece na Hungria, em Martonvásár, o domínio familiar. No outono de 1799, Josefina vai morar em Viena com o marido. Beethoven visita o casal, simpatiza com Deym-Müller, o marido que, por seu lado, cultiva a amizade a ponto de lhe dar presentes... Se Beethoven esteve brevemente apaixonado por Josefina no verão de 1799, esse amor, mais uma vez, não passou de fogo de palha. Mas eles tornarão a se encontrar bem mais tarde...

Esse fim de século é também uma virada na vida criativa de Beethoven. Ao chegar aos trinta anos, ele ousa enfim se lançar no gênero que vai assegurar sua glória mais duradoura, mais universal: a sinfonia. Esperou muito. Com essa idade, Mozart já havia escrito a maior parte das suas, e nesse momento papai Haydn já compôs cerca de cem! Sentiria-se Beethoven intimidado por esse gênero maior ou ainda não preparado para tomar uma decisão? Para que imitar a perfeição? Se ele deve distinguir-se na escrita sinfônica, precisa encontrar sua própria linguagem, inventar formas inéditas, emitir sons novos. É possível também, razão menos nobre mas que seria um erro negligenciar, que a escrita de uma sinfonia, tarefa considerável, não fosse financeiramente um bom negócio. Em janeiro de 1801, no momento de publicar sua *Primeira Sinfonia* por vinte ducados na editora Hoffmeister, ele escreve: "O senhor se surpreende por eu não ver nenhuma diferença entre uma sonata, um septeto e uma sinfonia? Mas um septeto ou uma sinfonia encontram menos compradores do que uma sonata, e é por isso, me parece, que uma sinfonia deve certamente valer mais".[4]

Essa primeira sinfonia, esboçada desde 1795, abandonada, retomada, realiza em larga medida, apesar de sua evidente dívida a Mozart e Haydn, a ambição de dar um novo sopro a esse gênero que seus predecessores já haviam engrandecido. Ela é tocada em 2 de abril de 1800, no National Hoftheater de Viena, num concerto que inclui também uma sinfonia de Mozart, trechos de *A Criação*, de Haydn, um concerto para piano (certamente seu terceiro em dó menor), um septeto. Os programas dos concertos costumam ser abundantes. O cartaz promete também uma improvisação do sr. Ludwig van Beethoven.

Beethoven começa seu ciclo sinfônico por uma ação ousada: dissonâncias, rupturas de tonalidade entre o adágio inicial do primeiro movimento e o alegro que segue, escansões poderosas da orquestra, e uma linha melódica não muito perceptível, a composição privilegiando o diálogo das partes principais da orquestra, com amplas passagens deixadas aos instrumentos de sopro. Claro que essa obra impetuosa fere alguns ouvidos. "É a explosão desordenada do ultrajante descaramento de um jovem"[5], escreverá um crítico de Leipzig em 1801. "Não faz outra coisa a não ser dilacerar ruidosamente o ouvido, sem nunca falar ao coração", repetirá, desta vez na França, um artigo de *Tablettes de Polymnie*, em 1810. No entanto basta escutar essa sinfonia, já marcadamente pessoal, para nela constatar, mais além das estranhezas de um temperamento, a mão de um mestre.

O concerto é um sucesso. Duas semanas mais tarde, é seguido de outro no qual Beethoven toca sua *Sonata para piano e trompa* op. 17 (com o trompista Punto), uma obra sem grande brilho, escrita às pressas, mas feita para não assustar ouvidos tímidos. Novo sucesso, a tal ponto que os intérpretes devem repeti-la na íntegra!

Esse triunfo tem desdobramentos. O príncipe Lichnowsky, entusiasmado, fascinado por Beethoven, decide lhe pagar uma pensão: seiscentos florins de renda anual. Seria o fim da liberdade para o arisco compositor? Não, é antes o começo de uma relação estranha na qual o príncipe é o solicitante e Beethoven uma espécie de carrasco resmungão que se comporta com indiferença, quando não com desdém. Lichnowsky visita com frequência Beethoven para vê-lo trabalhar. Como é que tal música pode brotar de um cérebro humano? Os dois fazem um pacto: que Lichnowsky venha, se quiser, mas que não espere ser *recebido*. O príncipe entra, Beethoven continua a trabalhar; às vezes inclusive chaveia a porta, o príncipe espera um momento e depois vai embora sem insistir: singulares relações. Quem é esse príncipe tão insistente, tão dócil, tão paciente, em cuja casa Ludwig se hospedou por vários anos no começo de sua vida em Viena? Sua mulher, a princesa Cristina, excelente pianista, é para ele uma "segunda mãe" – o que mostra quantas foram suas famílias substitutas! A mãe da princesa, a condessa Thun, protegeu Gluck, Haydn e Mozart. Lichnowsky, por sua vez, está convencido do gênio de Beethoven, e sua ociosidade de aristocrata o transforma num anjo da guarda sempre presente, às vezes em excesso, e bastante tolerante para suportar as mudanças de humor do prodígio, tão perigosas para sua carreira e sua reputação.

Na primavera de 1800, Beethoven vai a Martonvásár, na Hungria, onde fica o domínio de seus amigos Brunsvik. Situado nas proximidades de Budapeste e a 250 quilômetros de Viena, o lugar é magnífico. O castelo dos Brunsvik, uma grande construção branca cercada de um jardim imenso, é um milagre de equilíbrio e de harmonia. Beethoven está encantado, ainda mais porque dois dos membros da "pequena república", Teresa e Franz, o acolhem com muita alegria. Como no ano anterior em Viena, eles se entregam a jogos e conversas, entremeados de sessões de música. E aqui não há vizinhos para protestar. Nesse maravilhoso período entre 18 de maio e 25 de junho, os jovens Brunsvik também anunciam a Ludwig a chegada próxima, em Viena, de uma prima deles: Giulietta Guicciardi, de dezesseis anos.

Ele a encontra ao voltar de Martonvásár. Ela não passa despercebida. Uma moreninha charmosa, viva, bonita, coquete. Certamente frequenta a residência dos Deym, pois é prima de Josefina. Cruza com Beethoven, que comparece assiduamente lá. Ele toca uma sonata para violoncelo, escreve Josefina num francês bastante impreciso, e também seus novos quartetos, essas obras-primas do *opus* 18, primeiros de uma série que, por si só, permite acompanhar a trajetória musical e espiritual de Beethoven até o fim da vida, na sua expressão mais íntima e talvez mais profunda.

Lembranças da juventude lhe chegam de Bonn na pessoa de um jovem de dezesseis anos, Ferdinand Ries, filho de um de seus amigos, que o acompanha a Viena. Esse Ferdinand Ries será mais tarde um dos professores de piano de Franz Liszt, o que dá uma ideia da sua competência. Ele é uma testemunha preciosa, assim como todos os conhecidos renanos de Beethoven, como Breuning ou Wegeler: amigos de infância, amigos íntimos que não buscaram, em suas *Memórias*, passar uma imagem alterada de Ludwig, como o fizeram seus biógrafos vienenses, preocupados em fazer dele um herói sobre-humano ou um santo...

Beethoven acolhe os Ries, pai e filho, e, tendo ouvido o jovem tocar piano, aceita de imediato lhe dar aulas. Em relação a ele, mostrará uma paciência pouco costumeira. Anos mais tarde, Ries ainda se admirará da maneira de tocar tão particular e inovadora que descobre em Beethoven e que Czerny, um de seus novos alunos, relata assim: Beethoven possui, de forma única no mundo, a técnica do *legato*, que consiste em ligar as notas segundo um princípio de continuidade, enquanto a "técnica entrecortada e em pequenos golpes breves estava ainda em moda após a morte de Mozart".[6]

Do seu primeiro encontro com Beethoven, Ferdinand Ries forneceu uma descrição bastante pitoresca:

> Num dia de inverno, partimos, meu pai, Krumpholz e eu, da Leopoldstadt, onde ainda morávamos, até a cidade. No Tiefer Graben, onde subimos ao quinto e sexto andares, um empregado, bastante malvestido, nos anunciou e nos introduziu nos aposentos de Beethoven. Um quarto em desordem, abarrotado de papéis e de roupas por toda parte, alguns baús, paredes nuas, um único assento, com exceção daquele, oscilante, que estava diante do *pianoforte* de Walter (eram os melhores) e, nessa peça, um grupo de seis a oito pessoas [...]. O próprio Beethoven vestia um casaco de um tecido com pelos longos cinza-escuro e uma calça da mesma cor, de modo que me fez pensar de imediato na imagem de Robinson Crusoé, que eu lia então. Seus cabelos pretos como breu, curtos e cacheados, espalhavam-se em redor da cabeça. A barba, de vários dias, tornava ainda mais escura a parte inferior do rosto, já sombreada naturalmente. Com o olhar rápido próprio das crianças, logo notei que ele tinha algodão nos ouvidos, que pareciam úmidos de um líquido amarelado.[7]

No entanto é esse eremita, de aspecto tão pouco agradável, que está a caminho de se tornar o compositor mais em evidência de Viena. E que prepara, no rigoroso inverno de 1800-1801, ao mesmo tempo em que enfrenta angustiantes problemas de saúde com os ouvidos doloridos e às voltas com "terríveis diarreias"[8], uma obra fundadora.

Escuta-se hoje pouco *As Criaturas de Prometeu*, música de balé escrita a pedido do coreógrafo italiano Salvatore Vigano, mestre de balé do teatro imperial. Os dois já se conhecem: em 1795, Beethoven compôs doze variações para piano sobre o "Minueto à la Vigano", extraído do balé *Le Nozze Disturbate* de Jakob Haibel. Em Viena, Vigano representa uma tendência "modernista" da dança, buscando "reaver nas suas coreografias a eficácia política, estética, emocional da pantomima antiga", a fim de fazer dela um "gênero independente"[9], isto é, um pouco menos fútil do que o que o público vienense geralmente aprecia. Ele sabe que Beethoven compartilha as ideias novas. E, de fato, o mito de Prometeu não pode senão fascinar o músico: Prometeu é aquele espírito forte, em revolta contra os ditames dos deuses, que decide dotar a humanidade das luzes da arte e do conhecimento. A época é prometeica. Em 1797, o poeta italiano Vincenzo Monti publicou *Il Prometeo* em honra de Bonaparte, libertador da Itália. Antes dele, Goethe, em 1773, esboçou um drama sobre o mesmo tema – um Prometeu que não sofre a punição divina e no qual Zeus é substituído por "*ich*", ou seja, "eu". A escolha de reativar esse mito não é um acaso: Prometeu é o homem que decide ter autonomia frente aos deuses, que afirma sua liberdade e propõe, sobre as origens da humanidade, uma versão bem diferente daquela do *Gênesis*, que Haydn acaba de colocar magnificamente em música em *A Criação*, baseado no poema de Milton. Representar em Viena, em 1801, um balé prometeico em cujo final é entoado o *Hino à Liberdade*, canção popular que busca inspirar "um terror profundo a todos os tiranos da terra"[10]*, é um ato político. Prometeu, ou a luta contra o despotismo. O balé é alegórico. Mostra, como diz o cartaz que anuncia a primeira representação, "duas estátuas que vão se animar e que o poder da harmonia tornará sensíveis a todas as paixões da existência humana".[11]

A obra é apresentada com sucesso em 21 de março de 1801. Os dançarinos obtêm a consagração. Ela será encenada dezesseis vezes, mas nunca retomada ao longo da vida de Beethoven.

Durante o verão, ele se retira para o campo, perto da aldeia de Schönbrunn. É lá, provavelmente, que começa a compor seu único oratório, *O Cristo no Monte das Oliveiras*. Essa composição é às vezes situada numa data um pouco mais tardia, e será apresentada em concerto em 1803. Pouco importa. Nessa obra, também um pouco negligenciada, em muitos momentos perturbadora, a figura do Cristo abandonado por Deus é devolvida à sua humanidade, ao seu sofrimento, à sua solidão. Como a de Beethoven nesse momento da sua vida, que se isola para dissimular a surdez e que vai conhecer o fundo do desespero.

---

* Nota publicada nos *Annales patriotiques*, Paris, 3 de maio de 1792, e que acompanha um canto intitulado "Romança patriótica". O texto é utilizado por Beethoven como referência em *As Criaturas de Prometeu*. (N.A.)

Heiligenstadt

O que fazer quando o sofrimento é tal que se tem a impressão de que a vida diminui, e será preciso abandonar o mundo prematuramente deixando a obra inacabada? Talvez escrever aos amigos para conjurar o mal e buscar um consolo.

Já evocamos a carta a Wegeler datada do verão de 1801, na qual Ludwig fala da sua "vida miserável". Um outro amigo, Amenda, também recebe um apelo aflito, dos mais estranhos, que não causa muita surpresa por ter dado o que falar aos mexeriqueiros:

> Quanta falta sinto de você! Pois teu Beethoven vive muito infeliz, em luta com a natureza e com o Criador [...]. Saiba que a mais nobre parte de mim, minha audição, se debilitou muito. Já na época em que você estava perto de mim eu sentia os sintomas e os ocultava; desde então a coisa só piorou [...]. Oh, como eu seria feliz se meus ouvidos estivessem em bom estado! Então eu correria até você – mas devo permanecer afastado de tudo; meus mais belos anos transcorrerão sem que eu possa realizar as exigências da minha força e do meu talento. [...] Claro, tomei a resolução de me superar ultrapassando tudo isso, mas como será possível?
> Sim, Amenda, se dentro de seis meses meu mal se revelar incurável, farei um apelo a você: terá de abandonar tudo e voltar para perto de mim; viajarei então (minha performance e minha composição ainda se ressentem pouco da minha deficiência; é a vida social que ela mais prejudica), e você deverá ser meu companheiro, estou certo de que a felicidade não me faltará [...]. Depois, você permanecerá eternamente junto a mim.[1]

A Wegeler, no mês de novembro desse ano terrível de 1801, ele confessa, porém, que vive "de novo de uma maneira um pouco mais suave"[2] e que o amor é a causa disso:

> Essa mudança, uma fada, uma jovem bem-amada a realizou; ela me ama e eu a amo; depois de dois anos, eis de novo

alguns instantes de felicidade, e pela primeira vez sinto que o casamento pode trazer alegria; infelizmente ela não é da minha classe social – e agora – para dizer a verdade eu não poderia me casar agora – devo ainda cumprir uma tarefa difícil.³

Essa jovem por quem Ludwig está perdidamente apaixonado é Giulietta Guicciardi. A bela italiana, que agita os círculos vienenses, entrou no seu coração e desta vez se arraigou a ponto de fazê-lo pensar com seriedade em casamento. Mas ele é o único a cogitar isso, e se anuncia difícil a conquista do coração e da mão dessa jovem coquete que uma testemunha, Alfredo Colombani, descreve nestes termos: "Ela tinha um andar de rainha, os traços do rosto de uma pureza admirável, olhos grandes e profundos de um azul escuro, cabelos negros e cacheados".⁴

Beethoven dá aulas de piano a Giulietta. Segundo as próprias palavras da bela, muitos anos mais tarde⁵, ele se mostra um professor exigente e até mesmo colérico, que joga a partitura no chão quando a donzela não toca direito, o que não é a melhor maneira de seduzir uma aristocrata caprichosa, adulada por todos os machos dos arredores. Embora pobre (diz ela), ele não aceita dinheiro, somente roupas, e com a condição de serem costuradas pela própria jovem condessa. A comédia romântica não é o seu forte, seu único deus é a música, que não admite indulgência alguma.

O que se passou entre eles? Promessas de amor, um pouco de flerte platônico: foi o suficiente para inflamar Ludwig, como se ele tivesse necessidade de acrescentar a seus sofrimentos físicos a dor de um fracasso anunciado. Pois na família Guicciardi, como nas outras famílias aristocráticas, ninguém se casa com um músico pobre – e feio, ainda por cima –, uma espécie de criado de luxo a quem são tolerados alguns desvios. É de fato assim que Beethoven é considerado, apesar dos seus arrebatamentos, dos seus sobressaltos de revolta, da sua recusa obstinada em assumir esse papel.

Giulietta faz o jogo da sedução. Ela gosta de Ludwig, sabe que seus primos Brunsvik o adoram. Sente-se lisonjeada de que esse gênio se interesse por ela. Oferece-lhe um retrato seu, que ele conservará até a morte, como uma relíquia. Ela mesma desenha Ludwig. Trocas encantadoras. Mas é grande a distância entre o afeto distraído e o desejo de compartilhar seus dias e suas noites com um homem tão pouco gracioso, apesar da nobreza de caráter e da delicadeza de sentimentos que ele sabe demonstrar. Aliás, o que são os sentimentos de um "professor de música" na cabeça de uma jovem estouvada? Gente como ele é capaz de sentir alguma coisa? Um compositor compõe, é essa sua função. O amor se vive com homens da mesma condição que ela, janotas, bonitões, não com saltimbancos ou artistas desgraciosos.

Beethoven sofre. Em que momento ele dirige a Giulietta um pedido de casamento que será rejeitado? Talvez no final desse verão de 1801, durante o qual compõe obras que traduzem suas perturbações íntimas: duas sonatas para piano, a nº 12 em lá bemol maior, sombria e trágica, chamada de *Marcha Fúnebre*, e a famosa *Sonata ao Luar* (título apócrifo), dedicada a Giulietta. Nem sempre se avalia o que essa obra muitíssimo ouvida, esse "clássico" da música clássica às vezes caricaturado, contém de dor. À melancolia profundamente meditativa do primeiro movimento, massacrado por tantos pianistas ainda "verdes", responde a graça de um segundo movimento etéreo que é talvez um retrato musical de Giulietta, como era moda escrever então – "uma flor entre dois abismos", dizia Franz Liszt. Pois o terceiro movimento, impetuoso, de uma violência inusitada, deixa entrever as vertigens da revolta e da loucura.

Essa violência trágica é ouvida também – e de que maneira! – em muitas passagens da *Segunda Sinfonia* que Beethoven compõe, pelo menos em parte, durante o verão e o outono desse ano de 1801. O que não disseram sobre essa obra tão mal compreendida no momento de suas primeiras apresentações, em abril de 1803... É verdade que Beethoven não poupa muito os ouvidos sensíveis. Alguns meses após a estreia, em Leipzig, um crítico afeiçoado a imagens fortes e a metáforas floridas descreverá essa sinfonia como "um monstro mal esboçado, um dragão ferido que se debate indomável e não quer morrer, e que mesmo perdendo sangue (no final), enraivecido, bate em vão a seu redor com a cauda agitada".[6] Mais tarde, na França, a primeira execução dessa *Segunda Sinfonia* vai inspirar uma outra pena – anônima: "Parece-me ver, encerrados juntos, pombas e crocodilos".[7] Essa pequena amostra de citações pode parecer vã e inutilmente cruel em relação a seus autores. Mas ela é esclarecedora sobre as condições de receptividade das obras inovadoras, das rupturas que fundam a modernidade: o artista impõe formas, o público torce o nariz. Isso vai durar cerca de dois séculos, até que a confusão especulativa da pós-modernidade e o terrorismo crítico, invertendo as perspectivas, façam com que seja admitido o grande vale-tudo.

Essa *Segunda Sinfonia*, no entanto, é uma obra muito bela, e seu segundo movimento é uma das páginas mais comoventes de nostalgia e de beleza escritas por Beethoven: é um *larghetto* (tempo que o próprio Mozart utilizou para os seus mais belos movimentos lentos) que mergulha no mais profundo, com uma simplicidade que resulta de muitos esforços, numa evocação da felicidade original, com seu tema de abertura confiado às cordas num registro médio e alto, e sua repetição pelas clarinetas, pelos fagotes e pelas trompas: uma pureza de expressão milagrosa, que Beethoven atingiu depois de muitos esboços, retomadas, correções. Num dia em que Ries, trabalhando sobre o manuscrito, lhe perguntou quais eram as notas de partida, que ele não conseguia decifrar, o mestre respondeu: "Está muito melhor assim".[8]

Giulietta se afasta. Entre todos os pretendentes que lhe fazem uma corte assídua, há um que parece levar vantagem e ganhar sua predileção. Trata-se do conde Robert von Gallenberg, um jovem elegante como convém, que se julga músico e compositor. Na verdade é um fracassado, como o futuro mostrará, cuja aparência vantajosa mascara a insigne mediocridade. Quanto a Giulietta, revelações tardias de Beethoven num dos *Cadernos de conversação*[9] a fazem aparecer sob uma luz pouco favorável. Ela flerta com ele durante o verão e o outono desse ano de 1801, ao mesmo tempo em que se envolve numa relação com Gallenberg, com quem se casará na primavera do ano seguinte. Pior ainda, pede a Beethoven, que se consome de amor por ela, para intervir em favor do namorado, que está sem dinheiro. Cavalheiresco, Beethoven ajuda o rival, o que diz muito da sua grandeza de alma. "Eu era o amado dela" – ele escreve, num francês bastante incerto, num caderno de 1823 – "e mais do que nunca seu esposo. No entanto, ele era mais amante do que eu, e através dela eu soube das dificuldades dele e procurei e encontrei um homem de bem que me deu quinhentos florins para ajudá-lo. Ele continuava sendo meu inimigo, foi justamente por isso que fiz o melhor possível."[10]

Em troca de que favores, por meio de que embustes e seduções Giulietta obteve esse procedimento de Ludwig? Logo após o casamento, o casal parte para a Itália, onde Giulietta não tarda a colecionar amantes. A continuação da sua "carreira" revela uma pessoa intrigante, casada com um imbecil sempre em dificuldades financeiras: em 1814, no momento do Congresso de Viena, que estabeleceu a tarefa de reorganizar a Europa após as loucuras napoleônicas, Giulietta retornará a essa cidade como espiã a soldo de Murat. Beethoven se recusará a revê-la, embora ela o procure. Os anos passaram, mas talvez as dores não. Ele escreve esta frase que mostra no fundo o segredo da sua condição de solteiro, a razão das suas reiteradas escolhas por amores impossíveis: "Se eu quisesse desperdiçar minha força vital com a vida, o que teria restado para o nobre, o melhor?".[11]

E, com a perda de Giulietta, ele certamente escapou do inferno. Mesmo assim, ficará muito abalado e até desesperado. Schindler, seu pitoresco biógrafo, afirma que, após o rompimento com Giulietta, ele teria se refugiado junto à condessa Erdödy e, hospedado no seu castelo, teria sumido durante três dias para deixar-se morrer de fome. Mas, como nessa época Beethoven ainda não conhece a condessa Erdödy, é possível levantar algumas dúvidas...

O que parece certo, em troca, é que ele se aproxima de Josefina von Brunsvik, esposa de Deym, apelidada Pépi, a quem mostra as duas primeiras sonatas do *opus* 31, uma delas *A Tempestade*, título shakespeariano mas, como sempre, apócrifo. "Essas obras aniquilam tudo o que foi escrito antes"[12], escreve Josefina à sua irmã Teresa. É verdade que, em *A Tempestade*, Beethoven atinge o sublime.

Em política, ele nada perdeu da sua vivacidade, das suas revoltas de plebeu. Hofmeister, seu editor de Leipzig, lhe transmite a encomenda de uma "sonata revolucionária". A resposta não tarda. Num tom furibundo, ele escreve:

> Querem que eu faça uma tal sonata? – No momento da febre revolucionária, sim, em boa hora – isso poderia ter sido feito, mas agora, quando todos buscam trilhar de novo os caminhos batidos e Bonaparte fez uma Concordata com o papa – uma tal sonata? – [...] para esses novos tempos cristãos que começam – ho, ho! – deixe isso pra lá [...][13]

Beethoven abomina esses "novos tempos cristãos", assim como detesta "a canalha" que se encontra, diz ele, "na cidade imperial e na corte imperial".[14] Sente-se decepcionado nas suas esperanças (e não só amorosas), desiludido, revoltado. A religião da humanidade na qual acredita é decididamente uma utopia distante...

Em maio de 1802, Beethoven deixa Viena para se instalar numa pequena localidade vizinha que ele tornou célebre para sempre: Heiligenstadt. É ainda hoje um lugar encantador, transformado num bairro rico da periferia de Viena, cercado de vinhedos e bosques. Luxo, calma e suavidade, um lugar de solidão e repouso onde ele busca recuperar um pouco do seu equilíbrio e curar as feridas. Um lugar silencioso com uma natureza bela e acolhedora. Da casa que ocupa, a vista se estende muito longe, em direção a Viena e ao Danúbio; mais adiante, no fundo do horizonte, avista-se com tempo claro a cadeia dos montes Cárpatos. Um lugar ideal para esconder sua surdez. Aliás, ele nem sempre está sozinho: seus amigos de Viena o visitam com frequência, como seu querido Reicha, que chegou de Bonn há pouco tempo, Schmidt, seu médico,

Ries, seu aluno, que também desempenha um pouco o papel de secretário. Não se sabe se os irmãos o acompanharam, mas parece que ele passa muito bem sem eles.

É durante o verão solitário de 1802 que ele prossegue, e provavelmente conclui, a composição da *Segunda Sinfonia*. Depois vem o outono, quando escreve um texto que foi descoberto entre seus papéis, alguns dias após a morte, por Anton Schindler e Stephan von Breuning. Sua autenticidade não deixa dúvida alguma. Confiado a Friedrich Rochlitz, um cronista musical que Beethoven não apreciava muito, esse escrito será publicado em outubro de 1827, seis meses após o falecimento do compositor. É certamente o texto mais célebre de toda a história da música e um documento extraordinário sobre a crise que Beethoven atravessa nesse momento.

> Para os meus irmãos Karl e [Johann] Beethoven. Ó, vocês, que pensam que sou um ser odioso, obstinado, misantropo, ou que me fazem passar por tal, como são injustos! Ignoram a razão secreta do que lhes parece desse modo. Desde a infância, meu coração e meu espírito se inclinavam à bondade e aos sentimentos ternos. E sempre me senti chamado a realizar grandes ações. Mas pensem apenas que há seis anos fui atingido por um mal pernicioso, que médicos incompetentes agravaram. Enganado ano após ano na esperança de uma melhora, forçado enfim a considerar a eventualidade de uma doença permanente cuja cura, se fosse possível, levaria anos, nascido com um temperamento ardente, ativo, sensível aos prazeres da vida em sociedade, precisei muito cedo me isolar, viver longe do mundo como solitário. Às vezes quis poder enfrentar essa situação, mas fui então duramente chamado de volta à triste experiência de não mais ouvir. Pois eu não podia dizer aos homens: falem mais alto, gritem, estou surdo! Como poderia confessar a deficiência de um sentido que em mim deveria ser mais perfeito do que nos outros, de um sentido que outrora possuí em sua mais alta perfeição, uma perfeição que poucos músicos já tiveram?
>
> Não, não posso. Assim, perdoem-me se me retraio, quando eu gostaria de estar entre vocês. Meu infortúnio é duplamente penoso, pois me torna objeto de incompreensão; para mim

não há nada mais estimulante no convívio dos homens do que conversas inteligentes e recíprocas manifestações de amizade. Absolutamente sozinho, ou quase, apenas quando a mais absoluta necessidade exige é que posso me aproximar da sociedade; devo viver como um exilado. Se me aproximo de um grupo, de imediato sofro uma angústia terrível, a de estar exposto a que percebam meu estado.

Foi assim durante esse meio ano que passei no campo, aconselhado por um inteligente médico a poupar meus ouvidos o máximo possível. Isso quase melhorou minhas disposições atuais, embora às vezes, pressionado pelo instinto de convivência, eu me sentisse abandonado. Mas que humilhação quando alguém ao meu lado ouvia o som de uma flauta ao longe e eu não escutava, ou quando alguém ouvia um pastor cantar e eu também não escutava. Tais acontecimentos me levavam ao limiar do desespero e por pouco não pus um fim à minha vida.

Foi a arte, e somente ela, que me reteve. Ah! Me parecia impossível deixar o mundo antes de ter dado o que eu sentia germinar em mim, e assim prolonguei essa vida miserável – realmente miserável, um corpo tão sensível que qualquer mudança um pouco brusca pode me fazer passar do melhor estado de saúde ao pior. – Paciência, é ela que devo agora tomar por guia, e é o que tenho feito. – Espero cumprir a resolução de esperar até que as impiedosas Parcas decidam cortar o fio da minha vida. Talvez as coisas melhorem, talvez não, sou corajoso. – Sinto-me obrigado a ser filósofo aos 28 anos de idade, o que não é fácil; para um artista é ainda mais difícil do que para um outro homem. – Ó Divindade, vês do alto o que há no fundo de mim e sabes que o amor à humanidade e o desejo de fazer o bem me habitam! Ó homens, se algum dia lerem isto, saberão que não foram justos comigo, e que o infortunado se consola encontrando alguém que se assemelha a ele e que, apesar dos obstáculos da Natureza, fez tudo para ser aceito entre os artistas e os homens de valor. – Vocês, meus irmãos Karl e [Johann], assim que eu morrer, e se o professor Schmidt ainda estiver vivo, peçam-lhe em meu nome para descrever minha doença e lhe entreguem estas páginas, a fim de que pelo menos depois da minha morte o mundo se reconcilie comigo. – Ao mesmo tempo, eu os declaro, os dois, herdeiros da minha pequena fortuna (se é possível chamá-la assim). Dividam-na de maneira justa, entendam-se e ajudem-se mutuamente. O que fizeram contra mim eu perdoei há muito tempo, como bem sabem. A você, irmão Karl, agradeço de modo especial pela afeição que me demonstrou nos últimos tempos. Meu desejo é que a vida de vocês seja melhor e menos dura que a minha; recomendem a seus filhos a Virtude, só ela pode nos trazer felicidade, e não o dinheiro, falo por experiência; foi ela que me amparou na minha aflição; devo a ela, assim como à minha arte, o fato de não ter me suicidado.

Adeus e amem-se! – Agradeço a todos os meus amigos, em particular ao príncipe Lichnowsky, ao professor Schmidt. – Desejo que os instrumentos dados pelo príncipe L. guardados na casa de um de vocês; mas que isso não seja motivo de conflito algum entre vocês; se eles puderem lhes servir para alguma coisa, podem vendê-los. Como ficarei feliz se ainda puder, sob meu túmulo, lhes ser útil.

Assim seja. Com alegria vou ao encontro da morte. – Se ela chegar antes de eu conseguir desenvolver todas as possibilidades da minha arte, então ela virá cedo demais para mim; apesar do meu duro Destino, gostaria que ela tardasse mais a chegar – mas mesmo então serei feliz, pois ela terá me livrado de um sofrimento sem fim. – Que ela venha quando quiser, irei com coragem ao seu encontro. – Adeus e não me esqueçam completamente depois da morte, tenho direito a isso da parte de vocês, pois em minha vida pensei com frequência em fazê-los felizes, espero que o sejam.

Heiligenstadt, 6 de outubro de 1802.

Ludwig van Beethoven

Heiligenstadt, 10 de outubro de 1802. – Despeço-me de vocês com tristeza. Sim, devo abandonar a esperança que eu tinha, pelo menos de ser curado até certo ponto, completamente. Como as folhas do outono que secam e caem, ela também secou para mim; quase como cheguei aqui, devo partir. Mesmo a altiva coragem, que me animou tantas vezes nos belos dias de verão, desapareceu. – Ó Providência, dá-me mais um momento de pura alegria. Há muito o eco da verdadeira alegria me é alheio! – Quando, ó divindade, quando poderei senti-la de novo no templo da Natureza e da humanidade? – Nunca? – Não, seria duro demais![15]

O texto se dirige aos irmãos, mas o nome de Johann é deixado em branco, como indigno de aparecer. Mas fica claro que é toda a humanidade que Beethoven interpela nessas linhas, que lembram às vezes pelo tom as *Confissões* de Jean-Jacques Rousseau, na obsessão de se justificar diante do mundo inteiro. Solidão, incompreensão, desespero ligado à surdez, estoicismo inspirado nos antigos, confiança extrema na sua religião da arte, da qual gostaria de ser o sacerdote mais eminente... Vocês, ó irmãos humanos... Ele parece dizer que se afastou dessa humanidade contra a vontade, como para melhor servi-la e celebrá-la.

Resta a tentação do suicídio, evocada duas vezes de forma explícita, que revela um pouco mais da intensidade das dores morais e físicas sofridas há muito tempo. Uma leitura honesta do texto, repleto desses travessões que são sempre em Beethoven o sinal de um estado emocional intenso, afasta qualquer ideia de afetação ou de maneirismo "romântico" no sofrimento. É o testemunho de uma tristeza profunda. Mas é lícito pensar, evitando toda a grandiloquência, que a evidência do trágico combina de modo particular com certas existências...

O milagre é que esse sofrimento, esse retraimento selvagem devido a uma surdez crescente, não tenha atingido seu imenso desejo de criar. Quando deixa Heiligenstadt, alguns dias depois, ele leva nos seus cadernos de anotações os primeiros compassos da *Sinfonia Eroica*.

O tempo da *Eroica*

Os novos tempos prometidos pela Revolução Francesa já vão longe. A desmedida mortífera do Terror, na França, afogou os ideais revolucionários em ondas de sangue, os chefes guilhotinados entre si; e a irreversível ascensão de Bonaparte, ex-republicano a caminho do despotismo, faz da França o Ogro da Europa. A Áustria vive uma paz frágil desde o Tratado de Lunéville, em 1801. Em Viena as pessoas se distraem para esquecer, buscam furiosamente os prazeres, dançam sobre um vulcão. O regime austríaco é confrontado a uma dupla prova: manter uma força militar para resistir às ambições francesas e à sede de conquista de Bonaparte e conter o "inimigo interno", os simpatizantes jacobinos da sua população.

A trajetória meteórica de Bonaparte povoa os imaginários. Suas vitórias militares, sua corrida implacável ao poder fazem dele um novo Alexandre. Antes de se dissolver na epopeia sangrenta e depois na tragédia do fracasso e do exílio, aquele que ainda é apenas o primeiro cônsul está construindo um mito, tornando-se um modelo heroico para toda a juventude inflamada da Europa. Nesse meio-tempo haverá o assassinato do duque d'Enghien, seguido da megalomania da coroação, o que refreará alguns entusiasmos, especialmente entre os liberais.

Antes que o estado de guerra permanente substitua os ideais revolucionários e que Napoleão empreenda, primeiro coagido pela ameaça das coalizões monárquicas, depois afeiçoado ao poder num gozo exaltado de si mesmo, uma calamitosa política de conquista, uma corrida desenfreada suicida, o bonapartismo em seus primórdios suscita um fascínio que dificilmente se pode imaginar. O destino de Napoleão parece o de um deus vivo que desceu do Olimpo, o de um Cristo secular investido de uma missão messiânica. Um busto de Napoleão orna o gabinete de trabalho de Goethe. Segundo Hegel, Napoleão é "uma alma na escala do universo – um indivíduo que abarca o mundo e o domina".[1] Beethoven não deixa por menos e vê o Primeiro Cônsul "à altura dos maiores cônsules romanos".[2] Profundamente republicano, democrata, ele pensa como muitos outros que a jovem República francesa realiza os ideais platônicos de que se alimentou. E que a epopeia napoleônica é capaz de provocar o advento de uma humanidade fraterna e livre.

Ao longo de sua vida inteira, a atitude de Beethoven em relação a Napoleão oscilou entre admiração e ódio, fascínio e repulsa. Ele sempre teve um forte sentimento de identificação com o vencedor de Austerlitz, esse contemporâneo cuja ambição desmedida, cujo desejo de poder e cujos desígnios do destino lhe lembram a imagem de si mesmo. "Pena que eu não compreenda a arte da guerra tão bem como a da música" – disse um dia Beethoven a seu amigo Krumpholz –, "eu o venceria!"[3]

Mas Beethoven é um artista, isto é, segundo a expressão de Shelley, um daqueles "legisladores não reconhecidos do mundo", daqueles que mostram o caminho pelo espírito. Sua questão não é o poder, mas a capacidade – o que é bem mais nobre e duradouro.

Ao voltar de sua temporada em Heiligenstadt, no outono de 1802, ele retoma seu projeto de conquista do mundo musical. A crise passou, como se a escrita do testamento, no qual evoca a morte, lhe permitisse vencer seu espectro, purgando as angústias para partir de novo à frente.

É o começo de uma década prodigiosa, pontuada de um número impressionante de obras-primas marcadas pelo estilo "heroico". Geralmente se fala, para esse período, de "segunda época criadora" – sobretudo por comodidade. De 1802 a 1813, sua atividade de compositor se desenvolve com uma fecundidade constante, uma energia inabalável: durante esses dez anos, ele escreverá uma ópera, uma missa, seis sinfonias, quatro concertos, cinco quartetos de cordas, três trios para piano, duas sonatas para violino, seis sonatas para piano, sem contar diversos *lieder*, variações para piano e aberturas. Uma verdadeira febre criadora, uma vontade permanente, ainda mais notável porque o trabalho de composição, para Beethoven, nada tem de espontâneo nem de "fácil". Ao contrário de Mozart, formado tão precocemente na escrita musical que podia, num ritmo muito rápido, criar peças que brotavam de uma imaginação torrencial, Beethoven hesita, tateia, constrói, modelando suas composições como Cézanne fará com suas telas. Seus cadernos de anotações testemunham esse prodigioso trabalho de elaboração. A forma nasce lentamente, constrói-se por camadas sucessivas, ao preço de renúncias e de "correções". A solidez da sua música é a de um arquiteto, sua profundidade o fruto de incansáveis retomadas até encontrar a forma ideal – a que ainda não existe.

O tempo do brilhantismo e dos sucessos mundanos como virtuose do piano ficou para trás – ao menos é o que ele gostaria, embora ainda se apresente, de vez em quando, nos salões da aristocracia. Há um antes e um depois de Heiligenstadt. Seus problemas auditivos o convencem, cada vez mais, de que seu verdadeiro caminho está na composição.

Mas, nesse aspecto, ele está longe de ser unanimemente reconhecido. A estranheza do seu estilo suscita em Viena uma espécie de querela entre os antigos e os modernos. A "febre beethoveniana" inflama a jovem guarda, enquanto os defensores da tradição se assustam com a ruptura "fantástica" (segundo Haydn) que Beethoven quer impor. E ele também está longe de ser o compositor mais popular em Viena: Mozart, Haydn, Cherubini, Meyer, sem falar de Paisiello ou do admirável Cimarosa para a ópera, são muito mais tocados do que ele.

A ópera, justamente, é o novo desafio que Ludwig vai enfrentar em seu retorno de Heiligenstadt. No final de 1802, o diretor do teatro An der Wien lhe propõe compor uma. Esse diretor não é um completo desconhecido: chama-se Immanuel Schikaneder e é o libretista da *Flauta Mágica* de Mozart. Esse libreto, de um simbolismo maçônico bastante primário, mas para o qual Mozart compôs uma música do outro mundo, fez sua fortuna, enquanto Mozart teve um fim miserável apenas dois meses após tê-lo escrito. Amarga ironia. Schikaneder é rico, dirige um grande teatro, busca sangue novo para competir com as celebridades do momento e com os outros teatros de Viena. Esse Beethoven, que vai de vento em popa junto a um certo público, lhe parece o homem que procura.

Beethoven instala-se com seu irmão Karl num alojamento colocado à sua disposição no teatro. Mas logo surgem problemas, junto com um conflito com o editor vienense Artaria, que Beethoven acusa de lhe ter roubado seu *Quinteto em dó menor* (op. 27). O litígio será resolvido por decisão judicial, em prejuízo do compositor, que se recusa a apresentar pedidos de desculpa públicos. Aliás, as disputas com editores o ocuparão muito nos dez anos vindouros, disputas estafantes e geralmente estéreis.

Schikaneder tarda a lhe fornecer o libreto de ópera anunciado. Ou então o que lhe propõe não é satisfatório: ele fica apenas algumas semanas no alojamento do teatro. Dá ainda alguns concertos privados na casa de seus ricos protetores e prossegue um intenso trabalho de composição. A realização do oratório *O Cristo no Monte das Oliveiras* é situada no começo do ano de 1803. Mas é evidente que Beethoven, improvisador ímpar mas compositor pouco espontâneo, vinha pensando nele desde o verão precedente. Mais tarde, ele dirá ter escrito esse oratório em quinze dias.

A obra é apresentada em 5 de abril de 1803, por ocasião de um concerto público no qual figuram também as duas primeiras sinfonias, bem como o *Terceiro Concerto para Piano*. É dessa época que data também a composição, insolitamente rápida para ele, da famosa sonata para piano e violino chamada *A Kreutzer*, nome do violinista francês com quem Beethoven fizera amizade na embaixada da França, em 1798.

O *Terceiro Concerto para Piano* é a primeira composição nesse gênero com a qual Beethoven se declarou satisfeito. Ele precisou de quatro anos para terminá-la, entre o projeto inicial e a primeira execução pública. Mostra tal confiança nessa obra que, caso único nele, prepara seu aluno Ries para interpretá-la em público, ao passo que havia conservado ciosamente essa exclusividade em relação a seus primeiros concertos. Talvez porque seu gênio de improvisador pudesse compensar, ele pensava, as "fraquezas" da partitura. Mas aqui ele encontrou enfim a forma ideal, o equilíbrio desejado entre a força da orquestra e a virtuosidade do solista. Esse concerto, admirado com razão, de uma beleza sombria e intensa com sua tonalidade em dó menor (que faz lembrar, em certos motivos, o *Vigésimo Concerto em ré menor* de Mozart, que Beethoven admirava profundamente), logo se tornará uma espécie de modelo canônico do gênero.

Mas ele não está satisfeito com sua vida em Viena. Tem a impressão de não ocupar inteiramente o lugar que merece, dilacerado entre seu desejo de independência e a angústia da precariedade. "Veja que todo mundo ao meu redor tem um emprego e sabe exatamente do que vive – mas, meu Deus, que atenção um *parvum talentum com* (sic) *ego* (um talento medíocre como o meu) pode receber na corte imperial?"[4], ele escreve ao editor Hofmeister. Beethoven pensa em deixar Viena para se instalar em Paris, tão logo tiver terminado seu projeto de ópera com Schikaneder. Está seguro de encontrar na França um público à sua altura, e em harmonia com suas ideias políticas e estéticas. Seu amigo Reicha, companheiro de estudos dos anos em Bonn, acaba justamente de voltar de uma temporada de três anos em Paris. Fala-lhe da vida musical na capital francesa. Mostra-lhe inclusive uma composição de sua autoria, concebida segundo um "novo sistema" de escrita da fuga – sabemos que os franceses, desde Rameau e mesmo Jean-Jacques Rousseau até Pierre Boulez, adoram novidades em matéria de teoria musical. As pretensões do seu amigo estimulam Beethoven, e em resposta ele compõe *Quinze Variações e uma Fuga para Piano* em mi bemol maior, onde desenvolve, a partir de um dos motivos de *As Criaturas de Prometeu* que reaparecerá na *Sinfonia Eroica*, todos os recursos da sua própria ciência do contraponto e da fuga. Paris lhe parece um destino atraente: não foi celebrada lá, em 1797, a aliança da Arte e da Liberdade, quando foram acolhidos com grande pompa "objetos de arte vindos da Itália" (ou seja, saqueados), símbolos da liberdade que reina nas "repúblicas antigas"? O universalismo revolucionário considera que o verdadeiro lugar desses objetos é a França, pátria da Liberdade. E é assim que os museus enriquecem com facilidade. Beethoven, em todo caso, está convencido de que seu lugar é em Paris e não em Viena, cidade conservadora onde o Velho Mundo demora a morrer. Ele se lembra da passagem de Bernadotte, em 1798. E a sinfonia que este evocou então, Beethoven está em via de compor. Até o título é o mesmo: ela se chamará sinfonia "Bonaparte".

Considera sua partida a Paris ao longo do ano de 1804. Enquanto espera, uma outra tarefa o retém em Viena. No final de 1803, lança-se ao libreto que Schikaneder finalmente acaba de lhe entregar: *Vestas Feuer* ("Fogo de Vesta"). Seu impulso é de curta duração: ele julga o projeto inepto. Pouco depois, Schikaneder deve ceder a direção do teatro. Beethoven abandona rapidamente o projeto *Vestas* e se interessa por um outro tema, talvez proposto pelo barão Von Braun, novo diretor do teatro An der Wien. Trata-se da história de uma mulher que se fantasia de homem a fim de salvar seu nobre marido, prisioneiro do tirano: *Leonora ou o Amor Conjugal*, do francês Jean-Nicolas Bouilly. O autor era advogado no Parlamento de Paris e foi promotor público durante a Revolução, orgulhando-se de ter salvo alguns "ex-nobres" da guilhotina. Ele escreveu esse libreto em 1797, parece que inspirado na história autêntica de uma mulher de Tours que arriscou a vida para libertar seu marido preso. A obra já teve uma apresentação em Paris, com música de Pierre Gaveau.

O texto não é muito brilhante, mas o gênero *pièce à sauvetage*, em que o amor sublime está disposto a todos os sacrifícios, obteve um certo sucesso em Paris. Beethoven pensa no futuro: se ele for à França com essa obra, as portas se abrirão e ele poderá conquistar a cidade.

Leonora se transformará em *Fidelio*. A história dessa obra é uma longa série de abandonos, retomadas, decepções, antes de um triunfo tardio. Beethoven começa a trabalhar na peça no início de 1804. Depois a deixa de lado, certamente porque a situação do teatro é incerta e ele não tem certeza da representação de sua ópera nesse ano. No entanto, continua a trabalhar nela em intervalos, como o mostram seus cadernos de esboços.

Há outras urgências. A sinfonia "Bonaparte", que está na hora de terminar, requer toda a sua energia. Dedica-se a ela com empenho durante o ano de 1804. Essa sinfonia tem sua história e até sua lenda. De todas as suas obras, considerando as peripécias da composição e as circunstâncias, é a que Beethoven mais acalentou – o que ele ainda afirmava em 1817.

A Revolução Francesa e seus desdobramentos impuseram o gênero heroico. Beethoven, nessa sinfonia, busca aperfeiçoar e engrandecer um estilo musical vindo da França revolucionária: o de Méhul, de Cherubini, compositores que ele conhece. Robert Schumann, apurado musicólogo, chegou a notar a influência de uma sinfonia de Méhul sobre a *Quinta Sinfonia*. Durante dez anos, na França, a arte musical se fez zelosa servidora dos ideais revolucionários, em geral de forma grandiloquente, quando não tonitruante. Beethoven leu ou ouviu essas obras. Não é certo que as admirasse sem ressalvas, mas são contemporâneas e representam uma novidade, uma abertura, um contraponto às suavidades vienenses, abrem o caminho a uma grandiosidade e a uma força sonora muito próprias do seu temperamento. E, além disso, vêm da França...

Aos poucos, porém, ele vai perdendo as ilusões. Já vimos sua reação quando lhe sugeriram compor uma "sonata revolucionária". Mesmo assim continua a escrever, ao longo de 1804, sua sinfonia "Bonaparte". Até ficar sabendo, relata Ries, que Napoleão se declarou imperador dos franceses:

> Nesse momento, ele ficou furioso e exclamou: "Então ele não é mais do que um homem ordinário! Agora vai espezinhar todos os direitos humanos, não obedecerá senão à sua ambição, vai querer se elevar acima de todos, será um tirano!". Foi até sua mesa, pegou a folha de abertura, rasgou-a em pedaços e atirou ao chão. A primeira página foi escrita de novo, e então a sinfonia recebeu pela primeira vez seu título: *Sinfonia Eroica*.[5]

Tal é a história que a lenda conservou. Mas é possível cogitar hipóteses um tanto diferentes. Se Beethoven abandonou sua dedicatória ao imperador dos franceses, talvez seja por razões mais diplomáticas também. Em 1804, a paz entre a Áustria e a França está longe de ser alcançada. No outono, as tropas francesas ocupam Viena e a guerra recomeçará no ano seguinte. A dedicatória da *Eroica* passará ao príncipe Lobkowitz, que a comprou pela quantia de quatrocentos florins e mandará que a executem na sua residência de verão em setembro de 1804. Dizem que o príncipe Luís Ferdinando da Prússia, ao passar por Raudnitz, na casa de Lobkowitz, gostou tanto dessa sinfonia que quis ouvi-la três vezes seguidas.

Se o herói da *Eroica* não é mais Napoleão, quem será? Ninguém. Somente uma ideia do heroísmo que a História é incapaz de produzir, os "heróis" se transformando sempre em criminosos. Uma certa concepção da grandeza humana, encerrada em conflitos trágicos. A *Eroica* é uma sinfonia longa – sua execução dura cerca de uma hora, o que é então inusitado para uma obra do gênero. Primeiro movimento grandioso, "prometeico", com subidas vertiginosas e momentos de impacto, como um apelo à luta; segundo movimento em forma de "marcha fúnebre" com tons trágicos, antecedendo um *scherzo*, forma definitivamente adotada pelo artista, que exprime uma alegria dionisíaca; e uma apoteose final que retoma o famoso tema já utilizado em *As Criaturas de Prometeu* e nas *Quinze Variações e uma Fuga para Piano*, inspirado numa canção popular que evidentemente é uma obsessão para Beethoven: é de fato um triunfo que somos convidados, a um canto de liberdade, a uma explosão sonora na qual irrompe uma alegria sobre-humana, após uma sombria descida ao reino dos mortos.

Beethoven se sente ludibriado nos seus ideais, e sua obra reflete essa decepção. Como observa Maynard Solomon:

> Beethoven considerava Bonaparte como a encarnação do chefe esclarecido, mas ao mesmo tempo via suas esperanças frustradas pelo despotismo dele. A ambivalência de Beethoven refletia uma contradição fundamental da sua época, e esta encontra sua expressão na *Eroica*. Essa sinfonia resultava do

conflito entre a fé das Luzes no príncipe salvador e a realidade do bonapartismo.⁶

Obviamente está descartado partir para Paris. Inútil deixar Viena para encontrar algo pior noutra parte. Beethoven, como artista, é bastante inteligente para saber que num tal regime se esperam obras de arte que sirvam, no modo do *pathos* e do heroísmo triunfante (e ridículo), à glória do tirano. Não contem com ele.

A *Sinfonia Eroica*, portanto, apesar da referência que por muito tempo prevaleceu, não é uma sinfonia "Napoleão". É o canto de triunfo da humanidade vitoriosa das trevas, a primeira em que Beethoven, para além das circunstâncias fortuitas da História e ultrapassando as influências francesas de uma "música revolucionária" marcada de ingenuidade pomposa, atinge realmente o universal.

A "novela" *Fidelio*

Giulietta, casada, desapareceu da sua vida. Ele sofre com isso? Expulsou-a dos seus pensamentos? Não sabemos. Ludwig não fica repisando seus fracassos: ele avança. Em troca, Josefina Deym, em solteira Brunsvik, continua muito presente no seu cotidiano, e cada vez mais. Seu casamento foi breve, embora fecundo. Ela enviuvou no começo de 1804. O conde Deym morreu de uma pneumonia durante uma viagem a Praga, deixando Josefina com três filhos e grávida de um quarto. Lentamente, Beethoven e Pépi vão se aproximar. Isso provocará algum ciúme em Teresa, a irmã mais velha, presente um pouco em demasia, quando não de forma tirânica, na vida de Josefina.

Mas Beethoven não parece demonstrar um apego sentimental real nesse ano de 1804. Ele trabalha. Sabe que, com a *Sinfonia Eroica*, deu um passo decisivo. Enfim uma obra com seu valor, à altura da sua ambição. Sabe também que a recepção dessa sinfonia de um gênero novo não está de modo algum garantida. Ela impressiona os primeiros ouvintes, mas nem sempre os seduz: o caminho será longo. De fato, durante os anos seguintes, as reações são pouco favoráveis, quando não hostis. Uma nota do *Allgemeine Musikalische Zeitung*, em 1805, a descreve como "longa, difícil de executar, espécie de fantasia ousada e selvagem que parece desregrada, repleta de sons agudos e de extravagâncias, de modo que é impossível ter uma visão de conjunto". As mesmas críticas se repetem ao longo dos concertos: muito longa, esquisita, colossal, com pouca clareza e unidade. Muitas estranhezas julgadas pouco necessárias "*per festiggiar il sovenire d'un grand uomo*"*, como diz a dedicatória.

Mas uma obra deve abrir seu caminho, ter sua própria existência. Beethoven já está adiante. Durante esse ano, ele se desentendeu de modo violento com seu amigo Stephan

---

* "Para celebrar a lembrança de um grande homem." (N.A.)

von Breuning, rompeu para depois se reaproximar segundo as modalidades habituais: pedidos de desculpa, contrição, demonstrações de estima etc. Por quê? Um motivo fútil como sempre, provavelmente uma incompatibilidade de humor, pois os dois amigos moram no mesmo local nesse momento, e conviver com um Beethoven desordenado e caprichoso não é uma tarefa fácil. Em sua bagunça ele perde com frequência objetos, os procura, berra, acusa os outros de os terem pego, pois ele, claro, sempre sabe onde estão. Seus acessos de fúria também são o sinal de que o processo criador está a caminho. Beethoven censura em Breuning a mesquinharia, a estreiteza de ideias. Refugiado em Baden, depois em Döbling durante o verão, ele escreve a Ries uma carta muito reveladora do seu caráter e da sua visão das relações humanas:

> Acredite, meu caro, minha cólera foi apenas a explosão de inúmeras circunstâncias fortuitas e desagradáveis que aconteceram anteriormente entre nós. Tenho o dom de poder ocultar e reter minhas impressões sobre um monte de coisas; mas se me fazem perder a paciência num momento em que estou mais propenso à cólera, então me enfureço com mais violência do que qualquer outro. [...] Para haver amizade, é preciso uma completa semelhança entre as almas e os corações dos homens.[1]

No outono de 1804, Beethoven retorna a Viena. Retoma seu alojamento no teatro An der Wien, pois o projeto *Leonora* está de novo em andamento.

É impressionante constatar que cada obra importante nesse artista efervescente adquire o rosto de uma mulher amada, como se ele quisesse pôr-se à prova. Durante o verão, doente, febril, sofrendo de cólicas e com os ouvidos doloridos, ele esboça a composição de uma sonata que será a *Appassionatta*, dedicada a Franz von Brunsvik, o "cavalheiro insensível", por certo para reforçar seus laços com a família. É em Josefina que ele pensa? Criação e desejo andam juntos, como se a doação de si que o trabalho impõe buscasse sua razão de ser na possível recompensa do amor –

e, inversamente, como se os desastres amorosos tornassem necessário o refúgio no trabalho.

Nunca uma composição como essa *sonata Appassionatta* (título que não é de Beethoven) havia sido concebida para o piano. O próprio Beethoven a considerou como o seu maior êxito, até atingir um novo apogeu com a sonata *Hammerklavier* (op. 106), quinze anos mais tarde. Como escreve Maynard Solomon, "na *Appassionatta* ele amplia consideravelmente a paleta dinâmica, dá aos timbres cores estranhas e ricas que os aproximam das sonoridades orquestrais".[2] Fruto de uma longa elaboração, a obra é de uma ponta à outra dominada pelo sentimento do trágico, a expressão da luta contra os elementos, as paixões, a loucura. No final do primeiro movimento, ouve-se como que o anúncio do motivo rítmico inicial da *Quinta Sinfonia*...

Após o doloroso fracasso com Giulietta, ele buscou no fundo de si mesmo as forças necessárias para terminar a composição da *Eroica*, suprema desforra. Ao retomar a composição de *Leonora*, Beethoven inicia uma relação cada vez mais terna com Josefina, que estava viúva. E mais uma vez empreende um namoro insistente.

O momento é inoportuno. Após a morte do marido, Josefina deu à luz seu quarto filho, depois entrou numa grave depressão. Ela é jovem, bonita, mas com o encargo de uma família numerosa, e a condição de viúva não é das mais invejáveis na Viena imperial. Beethoven comparece com frequência à casa dela e volta a lhe dar aulas de piano. O sentimento de afeição que sente por Pépi desde que se conhecem – cinco anos – se transforma em uma amizade carinhosa, depois em amor ardente. Pelo menos da parte de Ludwig: cartas dessa época, descobertas e publicadas muito tempo depois, não deixam a menor dúvida sobre a natureza dos seus sentimentos. São cartas que dizem coisas como estas:

> Oh, bem-amada Josefina, não é o desejo do outro sexo que me atrai em você; não, é apenas você, toda a sua pessoa e com

todas as suas qualidades individuais... Você me conquistou... Você, você me faz esperar que seu coração venha a bater por mim – O meu só deixará de bater por você quando deixar de bater para sempre.[3]

Ou esta confissão, característica de um estado amoroso em fase de sublimação:

> Não há linguagem que possa exprimir o que se encontra tão acima da simples afeição [...] Somente em música – Não, não me orgulho quando creio que domino melhor a música do que as palavras. Você, você, meu tudo, minha felicidade – mesmo com minha música não posso exprimir isso.

E esta frase tocante, que deixa entrever que o caso não promete muito:

> Eu a amo tão afetuosamente quanto você não me ama.[4]

É que a família está preocupada. Josefina, aparentemente sofrendo de crises de histeria, está aos cuidados da irmã caçula, Charlotte, que escreve a Teresa: "Beethoven vem quase todo dia à nossa casa, dá aulas a Pépi: – é um pouco perigoso, confesso a você".[5] E Teresa, inquieta, responderá à irmã: "Mas me diga, Pépi e Beethoven, o que vai acontecer? Ela deveria ter mais cuidado".[6]

Em suma, a história se repete: Beethoven não é desposável, pelo menos no mundo da aristocracia. Além disso, Josefina afirma ter feito um voto de castidade após a morte do marido, o que talvez explique seu estado de nervosismo. É claro que, num primeiro momento pelo menos, ela se recusa totalmente a Beethoven. "Esse grande prazer da sua companhia, que você me concedeu, poderia ser o ornamento mais belo da minha vida se você me amasse menos sensualmente"[7], ela lhe escreve em termos prudentes. E acrescenta: "Eu teria que violar votos sagrados se cedesse a seu desejo".[8]

Beethoven finge se curvar a essas razões. Mesmo assim continua a assediar constantemente Josefina, chegando até a lhe atribuir, para acusá-la, um "caso amoroso". "Não posso exprimir o quanto é ofensivo ser equiparada a criaturas vis", ela responde, "nem que seja apenas em pensamento e por uma leve suspeita."[9]

No verão de 1805, ele se afasta. Com a dignidade ferida, pede a Josefina para devolver as partituras que lhe emprestou. Os dois cortam relações. Beethoven suprime a dedicatória a Pépi do *lied* intitulado *An die Hoffnung* ("À esperança"), que ele publica em setembro. No final de 1805, Josefina retornará a Martonvásár, depois irá viver em Budapeste. Fim de um amor? Não é assim tão certo.

Nesse verão de 1805, em todo caso, passando uma temporada em Hetzendorf, Beethoven está inteiramente absorvido pela composição de *Leonora-Fidelio*.

Essa obra atípica é decididamente problemática. O libreto, já foi dito, tem muitas inverossimilhanças, é pesado no plano dramático, ou simbólico, às vezes de um moralismo desagradável. Mas é também uma história forte, um melodrama comovente, que enaltece os ideais da fidelidade conjugal, da liberdade, da luta contra a injustiça e contra a arbitrariedade. Os problemas conjugais não fazem parte do cotidiano de Beethoven, mas ele aspira com ardor a eles. E o próprio gênero de *pièce à sauvetage* possui um valor catártico: Florestan, nobre encerrado no cárcere, é uma vítima do arbitrário, de todas as tiranias, talvez também da má consciência de uma Revolução que se extraviou. O tirano, abstrato, não é representante de partido algum: é o símbolo eterno de um poder cego, uma alegoria do Mal. Originalmente, no libreto de Bouilly, Pizarro, o guarda da prisão, não era um papel cantado. Beethoven lhe dá uma consistência musical, amplia o discurso a um confronto entre o poder cego e a humanidade sofredora, como no célebre "Canto dos prisioneiros". Quanto a Leonora, disfarçada de homem para poder entrar na prisão, é uma personagem andrógina que tem a pesada tarefa de descer ao inferno do cárcere onde vegeta Florestan, com seus colegas prisioneiros, para lhe oferecer um segundo nascimento, como se desse à luz o marido – verdadeira descida ao túmulo antes da ressurreição, o fim do inverno simbolizado pela morte de Pizarro e pela celebração do ano novo.

Fidelio situa-se na encruzilhada dos caminhos. Ainda enraizada no século XVIII, e sem a fluidez fulgurante das óperas de Mozart, apesar do seu dueto de abertura tão mozartiano em espírito, já anuncia as poderosas óperas de Verdi ou de Wagner. Obra elaborada laboriosamente, recomeçada, modificada, é sem dúvida a que causou a Beethoven, pouco à vontade na arte dramática e – digamos, mesmo com o risco de perder em definitivo a estima dos beethovenianos – na escrita vocal, os maiores tormentos. E é uma obra-prima *mesmo assim*. Ultrapassando a noção de gênero, a música atinge ali um apogeu inigualável de emoção e de sublime.

Beethoven hesitou e trabalhou muito, buscou, renunciou, retomou. A composição da obra sofreu um atraso. Quando enfim fica pronta, os ensaios são catastróficos: a orquestra é ruim, o regente também, e o tenor que faz o papel de Florestan, execrável. De início indulgente, Beethoven se impacienta e depois explode, censurando o conjunto dos intérpretes por massacrar sua música.

A primeira representação enfim ocorre em 12 de novembro de 1805. O momento é mal escolhido. Com a formação da terceira coalizão, a guerra entre a França e a Áustria recomeçou. Em 20 de outubro, o exército austríaco foi batido em Ulm. Em novembro as tropas francesas ocupam Viena – pacificamente, mas a presença de um exército estrangeiro numa cidade faz com que até os ambientes mais leves pesem, e a alta sociedade parte em refúgio para suas residências no campo. Em 2 de dezembro será a Batalha de Austerlitz e a derrota do exército austro-húngaro. É nessas circunstâncias tumultuosas que ocorre a estreia de *Leonora*. O fracasso é retumbante. A ópera foi apresentada apenas três vezes num teatro quase vazio, a maior parte do público composta de oficiais franceses que, pouco afeitos às sutilezas da língua alemã, bocejavam e murmuravam durante as partes faladas, que na ópera alemã substituirão cada vez mais o recitativo.

Um "comitê de crise" se reúne. Os amigos de Beethoven, Ries, Breuning, o diretor da ópera, Von Braun – o qual, embora barão, se revela um refinado tratante, espécie de antepassado de alguns empresários e agentes artísticos de hoje –, procuram descobrir as razões desse insucesso. Elas são evidentes: a obra é muito longa; o libreto, medíocre, impõe episódios estáticos que se eternizam.* É preciso encurtar tudo isso, tirar o excesso. Beethoven se insurge, berra, troveja: "Nem uma nota!". Ele acusa o tenor que faz o papel de Florestan de responsável pelo fracasso. Mas acaba aceitando fazer mudanças na obra. Abrevia algumas cenas muito longas, inúteis no plano dramático. *Leonora* é encenada de novo em 29 de março de 1806. A paz voltou, o público também. Mas não dá para falar de triunfo: duas representações... Extremamente triste, Beethoven guarda sua partitura, que ficará de molho por muitos anos, não sem ter violentamente discutido – e cortado relações – com o barão Von Braun.

Mas a novela *Fidelio* está longe do fim. Não faz sentido deixar de lado essa obra que lhe custou tantos esforços. Ao longo dos anos seguintes, ele vai retomá-la – algumas passagens serão reescritas dezoito vezes –, compondo ao todo quatro aberturas, as três de *Leonora* e enfim a de *Fidelio*, trechos orquestrais poderosos, no estilo heroico, que serão várias vezes retomados nos concertos independentemente da obra, tamanho o entusiasmo sempre suscitado no público por sua beleza e sua dinâmica dionisíaca. Somente em 1814 *Fidelio* encontrará sua forma definitiva. Dez anos de trabalho, de renúncias, de despeito furioso, uma publicação em 1810 e, no começo de 1814, um renascimento: artistas do teatro da Caríntia, no sul da Áustria, procuram Beethoven para lhe propor que apresente de novo *Fidelio*. Escaldado pelos fracassos anteriores, o compositor hesita muito. Acaba aceitando, com a condição de poder retrabalhar a obra, cujas imperfeições os anos de maturação lhe permitiram avaliar e admitir. Ele

---

* Ver a esse respeito as análises admiráveis das diferentes versões de *Fidelio* no *Guide de la musique de Beethoven*, de Élisabeth Brisson, Fayard, 2005. (N.A.)

contrata um novo libretista, Friedrich Treitschke, que tem a missão de dar ao texto mais intensidade e eficácia dramáticas. "Com grande prazer li as melhorias que fez na ópera, isso me anima a reerguer as ruínas desoladas do velho castelo", lhe escreve Beethoven. Ele observa também que não é fácil "fazer algo novo com o velho".[10]

De março a maio de 1814 irá retrabalhar sua ópera, com febre, atormentado de novo por pensamentos sombrios: médicos lhe anunciaram que sofre de uma doença incurável. Qual? Nenhum documento permite apontar uma certeza. Pensa-se nas consequências de uma sífilis, num agravamento do seu estado geral de saúde, numa doença das vísceras, como se dizia. Nessa época, sabemos, ele ainda pensa em suicídio.

A retomada de *Fidelio*, em maio de 1814, é vivida num estado de tanta febrilidade e urgência que, na véspera do ensaio geral, a nova abertura ainda não está escrita! Beethoven trabalha nela a noite toda – como ocorrera a Mozart na véspera da estreia de *Don Giovanni* –, dorme sobre suas pautas, e no dia seguinte falta ao ensaio durante o qual os músicos deveriam ficar conhecendo a nova partitura. No lugar dela, à noite, é tocada uma outra, talvez a de *As Criaturas de Prometeu*. Mas tantos esforços valeram a pena: em 1814, a nova versão de *Fidelio* é um sucesso. O gosto da época foi enfim ao encontro das intuições e das exigências do artista.

Rupturas

Retornemos a 1806. O fracasso de *Leonora/Fidelio* não afeta a vitalidade de Beethoven, muito pelo contrário. Já no mês de maio ele se lança na composição de três quartetos de cordas, conhecidos pelo título de *Quartetos Razumovski*, nome daquele a quem são dedicados. O conde Razumovski é um rico amante de arte e de música, embaixador da Rússia na corte de Viena, e figura entre os mecenas de Beethoven desde 1795 e a publicação de seus primeiros trios. Ele mesmo é violinista e mantém por conta própria um quarteto, além de desempenhar um papel importante na vida musical de Viena. Os quartetos que imortalizam seu nome marcam uma nova etapa na evolução estética de Beethoven. Ele os escreve rapidamente, durante o verão de 1806, o que faz supor que vinha refletindo sobre eles há muito tempo.

Como em relação aos outros gêneros, sinfonia, concerto, sonata, Beethoven quer fazer o quarteto entrar numa nova era. É interessante observar que, no momento da composição dos "Razumovski", Joseph Haydn, que levou o gênero ao apogeu nos moldes clássicos, ainda tem três anos para viver. Mas Beethoven faz o quarteto entrar num outro universo sonoro: amplitude sinfônica, utilização de temas russos inéditos, concepção de um verdadeiro ciclo no qual certos movimentos se correspondem de um quarteto a outro, o final do terceiro remetendo ao alegro inicial do primeiro: "Se o piano e depois a orquestra desempenharam para Beethoven o papel de laboratório de criação", observa Maynard Solomon, "sua atenção em matéria experimental se dirige agora ao campo do quarteto de cordas".[1] O próprio Beethoven, nessa época, pensa em se dedicar quase exclusivamente a esse tipo de composição, na qual encontra material para aprofundar seu pensamento de grande arquiteto das formas musicais.

Claro que esse empreendimento difícil, um tanto austero, essas concepções complexas nas quais se introduzem procedimentos inusitados, essa invenção permanente de novas estruturas, as pulsações rítmicas, a riqueza melódica desses quartetos – melodias desconcertantes, porque decompostas em vários motivos –, tudo isso não favorece uma acolhida imediata. Os intérpretes torcem o nariz diante dessas composições revolucionárias (ainda não se fala de vanguarda!). O violinista Radicati chega a declarar que esses quartetos não são mais música, e recebe esta resposta do mestre: "Oh, isso não é para você, é para os tempos vindouros!".[2] Ele contrapõe ainda, dirigindo-se ao grande violinista Schuppanzigh, fiel amigo e admirador moderado dos seus quartetos, que se queixa das dificuldades de execução: "Você acha que eu penso nas suas miseráveis cordas quando o espírito me fala?".[3]

Os verdadeiros conhecedores não se enganam, mesmo se as reações de entusiasmo demoram a vir. Já em 1808, Johann Friedrich Reichardt, em suas *Vertraute Briefe* [Cartas íntimas], compara Beethoven a Michelangelo. Em 1811, a propósito dos mesmos quartetos, o *Allgemeine Musikalische Zeitung* julga que "o compositor se entregou sem reserva à inspiração mais admirável e mais insólita da sua imaginação [...] e recorreu a uma arte tão profunda e difícil que o espírito sombrio do conjunto repercute sobre o leve e o agradável". Bons músicos que o apreciam pedem indulgência, assustados pelas dificuldades de execução dessas obras, como é o caso de um correspondente inglês de Beethoven, um certo George Thompson, que lhe escreve em francês em 1818 estas palavras ingênuas e encantadoras: "Não é possível mostrar o poder encantador da sua Arte sob uma forma mais simples? Não poderia o seu gênio se rebaixar à composição de uma música igualmente soberba, mas menos difícil de ser executada, de modo que os amadores possam partilhar um festim tão delicioso?".[4]

Em suma, um Beethoven ao alcance de todos. Não sabemos o que o mestre respondeu nessa ocasião.

Prodigioso ano de 1806. Embora o amigo Stephan von Breuning veja Beethoven tristonho, melancólico, decepcionado e ferido após o fracasso de *Leonora*, a atividade criadora que o compositor manifesta não é de modo algum a de um deprimido. Ele termina o *Quarto Concerto para Piano* (op. 58), iniciado no ano anterior e muito ligado em sua concepção e sua atmosfera sonora a *Leonora*, especialmente no célebre segundo movimento, diálogo sombrio, verdadeiro combate entre o piano e a orquestra, cujos tons levam a pensar na grande ária de Florestan, em cujo final ele cai, esgotado. Quanto ao terceiro movimento dessa obra poderosa, é uma explosão de sonoridades ritmadas que traduzem uma alegria selvagem, um entusiasmo incontrolável.

Terminado seu concerto, Beethoven vai procurar Ferdinand Ries, com a partitura debaixo do braço. Sem muitas formalidades, tirânico quando se trata de suas obras, lhe anuncia: "Você tem que tocar isto no próximo sábado, no Kärntnerthortheater".[5] Cinco dias para aprender e ensaiar uma obra complexa e monumental, é simplesmente impossível. Ries recusa. Irritado, Beethoven vai procurar Stein, um outro pianista, que imprudentemente aceita. Claro, no dia do concerto, ele não está preparado. No lugar da peça é tocado o *Concerto em dó maior* (o terceiro). Ela só será apresentada em março de 1807, junto com a *Quarta Sinfonia*, com o próprio Beethoven ao piano.

Sua sede de criar é insaciável. Ele atingiu a idade em que Mozart morreu – 35 anos. É como um chamado. Quanto tempo lhe resta de vida com esse corpo em perpétuo sofrimento? Seria em Mozart que ele pensava ao compor, durante o verão de 1806, a radiosa *Quarta Sinfonia*, logo após ter recebido a encomenda do conde Oppersdorff? Obra desconcertante, tensa ao extremo, mas às vezes banhada numa atmosfera de quietude apaziguada: na realidade, observa Élisabeth Brisson, uma "verdadeira síntese das inovações de *Fidelio*, do *Sétimo Quarteto* op. 59 nº 1 e da *Terceira Sinfonia*: uma introdução lenta 'à la Florestan', o recurso a um ritmo típico dos tímpanos no segundo movimento, como no *Sétimo Quarteto*, e, no final, repetição até a saturação de acordes dissonantes idênticos aos do primeiro movimento da *Eroica*".[6] Uma pausa, em suma – e que pausa! –, antes de experimentar novas formas.

É durante esses mesmos meses que ele escreve os primeiros esboços da *Quinta Sinfonia* e da *Sexta*, que será a *Pastoral*, na cálida quietude do verão em Heiligenstadt...

Ao chegar o outono ele vai à Silésia, a convite do príncipe Lichnowsky. O mínimo que se pode dizer é que essa temporada terminará mal.

Enquanto ele está na Silésia, no castelo do príncipe, Napoleão se recusa a aceitar o ultimato do rei da Prússia, estipulando que as tropas francesas evacuem a Alemanha. A disputa termina em conflito armado: em 14 de outubro de 1806, Napoleão esmaga o exército prussiano em Jena e as tropas francesas vitoriosas ocupam a Prússia. Segundo as leis da guerra, os soldados se instalam nas casas dos plebeus, e oficiais franceses são alojados no castelo do príncipe. Isso teria deixado Beethoven furioso? É dessa ocasião que data sua famosa tirada sobre Napoleão, que ele venceria se fosse tão bom estrategista quanto é bom músico. Como homem de sociedade, o príncipe trata seus hóspedes com cortesia, a aristocracia sabe viver. Inclusive pede a Beethoven, uma noite, para tocar diante deles. Ludwig, rabugento, se recusa taxativamente. O príncipe insiste, o músico não cede. Nem pensar em oferecer sua música a esses soldados, aos oficiais do homem que tanto o decepcionou. Nem pensar tampouco em aceitar de novo o papel de artista-lacaio, que depende da boa vontade dos donos. O príncipe, meio na brincadeira, ameaça pôr Beethoven na prisão: um gracejo por certo sem fineza, que também revela um pouco o autoritarismo atávico do senhor preocupado em não ser desmoralizado diante de militares estrangeiros. Lichnowsky não habituou Beethoven a essas maneiras, ele que ia visitá-lo sem fazer ruído, respeitando seu gênio a ponto de tolerar todas as suas extravagâncias. Mas a discussão se agrava e Beethoven perde as estribeiras. Ries relata:

> Não fosse o conde Oppersdorff e alguns outros, teria havido uma rixa brutal, pois Beethoven empunhava uma cadeira

disposto a quebrá-la na cabeça do príncipe Lichnowsky, que mandara arrombar a porta do quarto onde Beethoven havia se trancado. Felizmente Oppersdorff se lançou entre eles.[7]

Beethoven abandona de imediato o castelo do príncipe, na noite e na neblina, a pé. Chegando à cidade vizinha, pega em seguida a carruagem postal para Viena. Mas, antes de partir, traça numa folha de papel estas palavras raivosas, que remete a Lichnowsky: "Príncipe, o que o senhor é, o é pelo acaso do nascimento. O que eu sou, o sou por mim. Príncipes existem e sempre existirão aos milhares. Mas só há um Beethoven".[8]

Insolência semelhante à de Beaumarchais. Dizem até que, em Viena, ainda trêmulo de raiva, Beethoven quebrou a estátua do busto de Lichnowsky. Serão necessários o tino e a fineza da princesa Cristina para reconciliá-los parcialmente. Mas Lichnowsky deixará, a partir desse dia, de subvencionar Beethoven, um mau negócio. E, é claro, este nunca mais tocará música na casa do príncipe.

Inabilidoso Beethoven. No ano seguinte, um episódio penoso o coloca numa situação embaraçosa. Desta vez se trata, se podemos dizer, de um caso feminino.

Tão logo volta a Viena, após a partida retumbante do castelo de Lichnowsky, Beethoven vai à casa dos Bigot, um casal de amigos que ele conhece desde 1804. Bigot de Morogues é bibliotecário do conde Razumovski, casado com uma jovem pianista talentosa e encantadora chamada Marie. Ele leva o manuscrito da *Sonata Appassionatta*, seriamente danificado por um temporal que atingiu sua mala ao voltar da casa de Lichnowsky. A jovem se põe ao piano, consegue decifrar a sonata e a toca sem nenhum erro. Depois pede a Beethoven que lhe dê essa partitura de presente.

Passam-se os meses. Beethoven é cada vez mais íntimo dos Bigot. Na primavera de 1807, ele envia a Marie uma carta na qual a convida, com muita inocência, a um passeio de carruagem, na ausência do marido: "Como Bigot provavelmente já saiu, não podemos levá-lo, mas renunciar a tal passeio por esse motivo é algo que o próprio Bigot com certeza não exigiria". Ele garante, é claro, a pureza das suas intenções, aconselha agasalhar Caroline, o bebê do casal, "dos pés à cabeça para que nada lhe aconteça". E conclui: "Faça com que me seja concedido o prazer egoísta de compartilhar, com pessoas por quem me interesso tanto, a radiosa alegria da radiosa e bela natureza".[9] Natureza à qual ele está a caminho de prestar a mais bela das homenagens ao compor a *Sinfonia Pastoral*.

O marido toma conhecimento da carta e se zanga, pouco sensível ao tato beethoveniano. Ludwig se apressa então a escrever uma outra longa carta, mistura extravagante de escusas, de juramentos de amizade, de demonstrações de virtude. Nada é mais puro que o fundo do seu coração, suas intenções são as melhores: "Caro Bigot, cara Marie, *nunca*, *nunca* me verão vil. Desde a infância aprendi a amar a virtude e tudo o que é belo e bom".[10]

"Minha moral é minha força"[11], ele dizia. Mas nos assuntos do coração a espontaneidade dos seus sentimentos não convive bem com a moral habitual. Quando ele ama, nada pode conter a violência dos seus afetos, mesmo um marido simplório, mesmo se ele não formula a si mesmo a realidade dos seus desejos. Suas escusas fazem sorrir. "As correntes do matrimônio são tão pesadas", dizia Alexandre Dumas filho, "que é preciso dois para carregá-las. Muitas vezes três."[12] Ele gostaria de ser o terceiro.

No fim do excepcional ano de 1806, ele escreveu um concerto para violino. *O* concerto para violino, sua única obra no gênero, talvez a mais bela já composta, que alia com brilho a força da orquestra sinfônica e o virtuosismo. Todos os compositores do século XIX que farão experiências no gênero, de Mendelssohn a Brahms, de Tchaikóvski a Sibelius, buscarão se posicionar em relação a essa obra-prima. O primeiro movimento surpreende desde o início, com sua introdução entregue aos tímpanos, ritmo que se repete nos dois temas em que a orquestra e o violino mais se fundem do que se opõem, num canto de um lirismo emocionante. Ele escreveu esse concerto muito depressa, após seu retorno da Silésia, para o violinista Franz Clement, *Konzertmeister* da orquestra do teatro. Mais tarde modificará a parte para violino, inclusive reescreverá o primeiro e o terceiro movimentos para adaptar melhor essa obra às possibilidades do instrumento, provavelmente com a colaboração do violinista Pössinger. Além disso escreverá, em 1807, uma bela transcrição para o piano, a pedido de Clementi, tendo em vista uma publicação em Londres.

No momento em que escrevia o *Concerto para Violino*, compôs também para o piano as *Variações sobre um Tema Original* (WoO 80), tão pouco estimadas por ele que não figuram nos números de *opus* das suas obras "oficiais". "Ó Beethoven, Beethoven, que bobagem fizeste!"[13], ele chegou a dizer a respeito delas, o que, para quem as escuta, é pelo menos injusto...

Ele tem preocupações financeiras. O rompimento com o príncipe Lichnowsky, que lhe cortou a ajuda, só piora a precariedade da situação. É por volta dessa época, no começo de 1807, que se aproxima mais de um outro membro da alta aristocracia, o arquiduque Rodolfo de Habsburgo, um dos irmãos do imperador Francisco. É a ele que é dedicado o *Quarto Concerto*. Esse jovem de dezenove anos passa a ser aluno de Beethoven e um pouco também seu perseguidor, pois é do tipo invasivo, que chega não importa a hora e exige sempre dedicatórias. Uma relação ambígua, como de costume, na qual Beethoven oscila entre a exasperação e o reconhecimento, às vezes beirando uma obsequiosidade muito inabitual nele. Mas, segundo Schindler, o apoio desse príncipe a seu professor admirado será sólido frente a seus inimigos, que gostariam de lhe barrar o acesso à corte do imperador por causa das suas opiniões políticas.

Nem por isso a questão do dinheiro é resolvida. O ano de 1807 se passa em diligências cansativas junto aos editores – especialmente Ignaz Pleyel em Paris – e ele assina um contrato com Clementi em Londres, cidades, aliás, às quais nunca irá. Mas os ganhos das publicações de suas obras são magros e fortuitos. É por essa razão que ele faz um requerimento à "honorável direção dos teatros imperiais e reais da corte", propondo seus serviços para compor uma ópera e até uma opereta, em troca de uma renda anual de 2.400 florins. Pode-se estranhar a ideia de um Beethoven escrevendo operetas, pacto faustiano no qual certamente teria abandonado muito de si mesmo. Mas a ópera... Frustrado por seu recente fracasso, ele pensa ainda nela, e cada vez mais. É no ano de 1807 que compõe a abertura de *Coriolano*, montando o projeto de musicar essa tragédia da vingança escrita por Shakespeare. E também fica profundamente impressionado com a primeira parte do *Fausto*, de Goethe, um tema que lhe conviria muito bem. Sonhos sem futuro: seu requerimento não obtém resposta.

Sua primeira missa, em troca, atende a uma encomenda do príncipe Esterházy e é executada em setembro de 1807 em Eisenstadt, lá onde Joseph Haydn viveu durante trinta anos e criou a maior parte da sua imensa obra. Missa de um ateu? E. T. A. Hoffmann, o célebre autor dos *Contos*, que também foi músico e regente de orquestra, vê na obra, cujo gênio reconhece, tudo exceto uma missa, não sendo conforme ao "severo estilo de igreja"[14]: nenhuma forma fugada, ausência total daqueles "momentos de horror" que marcam habitualmente o estilo litúrgico. Parece que essa missa não teve a aprovação do príncipe Esterházy no momento da sua execução: "Afinal, o que você fez aí?", ele pergunta ao compositor num tom de brincadeira que Beethoven leva a mal, ainda mais porque Hummel, um de seus rivais, presente ao lado do príncipe, esboça então servilmente um sorriso irônico. Como de hábito, Beethoven abandona Eisenstadt na mesma hora.

Não há mais harmonia na relação com os irmãos. Johann, o caçula, lhe pede para pagar um empréstimo de 1.500 florins, pois esse Homais* à moda teutônica acaba de comprar uma farmácia em Linz. Ludwig não tem como pagar e recorre a seu irmão Karl, que recusa. Beethoven, numa carta

---

* Farmacêutico vulgar e moralista de *Madame Bovary*, de Flaubert. (N.T.)

a Gleichenstein, desabafa seu despeito e sua cólera: "Pode dizer a meu irmão que com certeza não lhe escreverei mais. [...] Deus me preserve de ter alguma vez que aceitar benefícios dos meus irmãos".[15]

O barão Ignaz von Gleichenstein é um dos seus confidentes, redator nos escritórios da corte. Seu papel, novo na vida de Beethoven, é importante, pois ele se revela um amigo atento e bom conselheiro, especialmente em matéria de finanças. E é ele quem apresentará Beethoven à família Malfatti, para o bem e para o mal: trata-se do médico que irá tratá-lo e de sua sobrinha Teresa, por quem ele se apaixonará.

Mas é na casa de uma outra mulher, a condessa Marie Erdödy, que ele encontra abrigo durante o ano de 1808, o que o poupa, pelo menos por um tempo, da preocupação com moradia.

A condessa Anna Marie Erdödy é uma pessoa estranha. Com vinte e nove anos, muito bela segundo todos os testemunhos, casada aos dezesseis e logo separada do marido, ficou semiparalítica após o nascimento do primeiro filho: passa a maior parte do tempo estendida e veste um espartilho ortopédico. Musicista apaixonada, ela acolhe Beethoven em casa, desempenhando, segundo Trémont[16], um papel semelhante ao de Madame d'Houdetot junto a Jean-Jacques Rousseau: uma confidente, uma amiga, uma conselheira. Teria sido amante dele? Pode-se suspeitar. De todo modo, a temporada de Beethoven em sua casa será curta, e o músico desconfiará que a anfitriã paga um empregado em troca de favores sexuais, pois a condessa mantém igualmente em casa um certo Brauchle, ao mesmo tempo seu camareiro, amante e preceptor dos seus filhos: homem, aliás, sombrio, que mais tarde será acusado de ter provocado a morte dos dois filhos da condessa e o suicídio da sua filha. Triste destino teve essa mulher, que morrerá em 1837 em consequência do ópio.

Beethoven não tardará a deixar essa casa, esse ambiente que ele julga nocivo, não sem dedicar à condessa seus dois *Trios* op. 70. Ele se sente humilhado, ridicularizado, talvez rejeitado uma vez mais como amante. Suas relações com Marie Erdödy serão uma série de desavenças e reconciliações: em 1817 dedicará a ela as sonatas para violoncelo em dó e em ré op. 102.

Ele se muda e se instala num prédio da Walfischgasse – na verdade, um bordel. Existe em Viena um setor de estudos eruditos muito particular, que recenseia as moradias ocupadas por Beethoven ao longo da sua vida na cidade. Os especialistas calculam que chegam a quarenta, o que permite colocar placas nas construções ainda em pé e às vezes criar pequenos museus. De todas, a de Heiligenstadt, que parece autêntica, é a mais comovente e evocadora. Estranho percurso, o dessas moradas beethovenianas: seguimos os traços de uma vida errante, mesmo no perímetro reduzido da cidade imperial, como uma fuga permanente, uma busca jamais terminada.

Uma apoteose

Na realidade, ele vive um impasse. Viena está longe de lhe oferecer a fortuna e as facilidades que poderia legitimamente esperar. Há também a hostilidade de alguns membros da aristocracia, que seu comportamento incontrolável e suas ideias políticas exasperam, as reações instáveis do público diante das formas novas que ele procura impor, a aproximação dos quarenta anos, a solidão afetiva... Quem ainda se interessaria por ele? Que mulher aceitaria compartilhar sua vida sofrida, atrapalhada, a surdez crescente, os horários desregrados, os arrebatamentos, o caráter colérico? Stephan von Breuning se casou com a filha de um ex-médico de Beethoven, Julie Vering. Ludwig dedicou ao amigo o *Concerto para Violino* e, à Julie, a transcrição que acaba de fazer dele para a edição londrina. Por um tempo ele frequenta o lar do jovem casal, passando noites a tocar música com eles, pois Julie é uma boa pianista. Depois não aparece mais. Breuning se surpreende: teria Beethoven se enamorado de sua jovem esposa? É algo que nele já virou rotina, menos uma fantasia de predador do que uma maneira de se apropriar um pouco dessa felicidade conjugal que lhe é recusada.

Ele pensa em deixar Viena. Uma proposta estranha lhe foi feita: o cargo de *Kapellmeister* do Estado da Vestfália, onde Jérôme Bonaparte, o irmão mais jovem do imperador, apoderou-se do trono. Estado de opereta, rei de opereta. Napoleão coloca os membros da sua família, cercados de alguns funcionários franceses, à frente de Estados conquistados por seu ardor militar e que é preciso administrar em tempos de paz. Situação insustentável, um falso avanço: "Contanto que dure", dizia Letizia, a mãe do imperador. Mas não vai durar.

Mesmo assim, Beethoven fica muito tentado. Prometeram-lhe um tratamento sedutor. Tudo fracassou em Viena, sua vida, seus amores, seus sonhos de glória e de independência. Por um tempo ele poderia pôr de lado suas pulsões antifrancesas e antinapoleônicas. Numa carta a Breitkpof e Härtel, datada de 7 de janeiro de 1809, ele escreve: "Enfim, vejo-me obrigado, por intrigas, conluios e baixezas de toda espécie, a deixar a única pátria alemã que nos resta. A convite de Sua Majestade o rei da Vestfália, parto como chefe de orquestra [...]".[1]

O conluio não é apenas fruto da sua imaginação. Seu caráter íntegro e independente suscita uma hostilidade cega, a estranheza da sua obra, que não pode ser tratada com desprezo, faz com que nasça uma mistura de ódio, incompreensão e obscuras invejas. Assim, ele vai ser o músico-valete de um reizinho de araque, incumbido de vigiar a casa como o cachorro da fábula de Esopo.

Mas ele quer deixar Viena em grande estilo. Para isso conta ainda com alguns amigos. E, em 22 de dezembro de 1808, no teatro An der Wien, ocorre um dos concertos mais memoráveis de toda a história da música, aquele que a gente não se conforma por não ter assistido, mesmo que pela simples razão de não ter nascido ainda. O programa, que compreende basicamente peças inéditas, é imenso, e o concerto vai durar mais de quatro horas. Na primeira parte: a *Sinfonia Pastoral*, um *lied*, um trecho da *Missa em dó* e o *Quarto Concerto para Piano*. Na segunda parte: a *Sinfonia em dó menor* (hoje a Quinta), um outro trecho da *Missa em dó*, uma fantasia para piano solo (op. 77) e, por fim, a *Fantasia para Piano, Coro e Orquestra*, com o famoso tema que anuncia o *Hino à Alegria* da *Nona Sinfonia*. É o próprio Beethoven quem toca o piano. Uma apoteose, no que ele julga ser sua despedida de Viena.

A orquestra do teatro, que lhe é hostil, recusa que ele assista aos ensaios. Durante o concerto, na execução da *Fantasia para Piano, Coro e Orquestra*, um incidente ocorre, que Ries relata:

> O clarinetista, chegando a uma passagem em que o belo tema variado do final já começou, inadvertidamente retomou oito compassos. Como nesse momento poucos instrumentos tocam, o erro de execução tornou-se cruelmente sensível aos ouvidos. Beethoven levantou-se, furioso, injuriou os músicos

da orquestra da maneira mais ofensiva e tão alto que todo mundo ouviu. Por fim, exclamou: "Desde o começo!". O tema foi retomado. Todos foram bem e o sucesso foi espetacular.[2]

Eis aí uma prova, pelo menos, de que nessa época Beethoven ainda ouve aceitavelmente. E o público, atordoado, escuta essa torrente musical, essa incrível sucessão de obras-primas, entre as quais a *Quinta Sinfonia* (então designada como a Sexta), esse trovão no céu musical com suas quatro notas de abertura lançadas como "o destino que bate à porta", segundo palavras que o próprio Beethoven teria dito.

Há muito esse tema musical obceca Beethoven. Aliás, ele já aparece em obras anteriores, como se a composição da abertura de *Coriolano*, pouco tempo antes, tivesse traçado o caminho de uma escrita musical realmente trágica. Como a *Eroica*, a *Quinta Sinfonia* ultrapassa e transcende a pompa e a ênfase do gênero heroico, para atingir, partindo de um "nada", como assinala André Boucourechliev, o equivalente musical das grandes tragédias antigas ou shakespearianas. Porque nessa obra trata-se, simplesmente, do combate heroico do homem contra as forças do Destino, de uma vitória possível do criador frente à hostilidade da sorte: um argumento prometeico, que pode ser considerado ingênuo ou simplista, mas cuja força explosiva da obra coloca o ouvinte num estado de transe, de tensão, de terror, de entusiasmo que paralisa de estupor os que primeiro a escutaram. De onde vem o mistério impactante dessa partitura? Hoffmann, novamente, fez muito cedo uma análise musicológica refinada que explica um pouco a obra, sobretudo em relação ao primeiro movimento, ressaltando a unidade temática do conjunto, esta compacidade e este rigor de execução inéditos até então: "Todas as frases são curtas; compreendem apenas dois, três compassos e são distribuídas entre as cordas e os sopros, sempre a se alternar. Poder-se-ia pensar que essa maneira só é capaz de produzir uma justaposição inapreensível de elementos fragmentados, mas é precisamente esse arranjo, bem como a repetição incessante de frases curtas e acordes isolados, que retém a alma prisioneira de uma indizível nostalgia".[3] Em relação ao quarto movimento, quando a orquestra retoma o tema triunfal após um silêncio que imaginávamos definitivo, ele observa: "É como um fogo que julgávamos extinto e cujas altas chamas claras não cessam de renascer".[4]

Evitei até agora, de propósito, falar de romantismo a respeito de Beethoven. Contemporâneo de Goethe, Schiller, Byron, Chateaubriand, ele está imerso nesse vasto movimento estético e político europeu que busca a emancipação individual pelo culto do eu, a reivindicação da liberdade, a celebração da natureza; sob certos aspectos, ele ilustra esse movimento e, ao mesmo tempo, o ultrapassa. Pois Beethoven não é mais "romântico" do que Cézanne é "impressionista" ou do que Flaubert é "naturalista". E tampouco menos. A *Quinta Sinfonia*, por sua tonalidade, suas entonações que misturam o heroísmo individual, o sublime e a melancolia, pode ser apreciada tanto como um manifesto romântico muito pessoal quanto como um ato de violência que não deixa uma verdadeira herança.

Beethoven sabe disso. É uma coisa que sempre se sabe, sobretudo quem faz. O mito do artista inconsciente ou irresponsável, guiado apenas pela inspiração, não passa de uma asneira pseudorromântica: a *Quinta Sinfonia* é o fruto e a recompensa de um trabalho de titã. O que não priva Beethoven do seu senso de humor e da sua lucidez: no momento de corrigir sua obra para publicação, ele declarou que era "inteiramente legítimo corrigir as obras quando não nos tomamos por Deus".[5]

Romântica a *Sexta Sinfonia*? Essa maravilhosa *Pastoral*, outra "grande peça" do concerto de 22 de dezembro de 1808? Certamente a celebração da natureza, consoladora ou inquietante, hostil ou apaziguadora, reflexo da alma humana, de suas felicidades, de seus tormentos, de sua relação com o mundo e o Criador, é um tema romântico por definição, seu próprio núcleo.

O título foi realmente dado por Beethoven, fato tão raro que merece ser assinalado. Ela é simetricamente oposta à *Quinta Sinfonia*: após a expressão do trágico e da revolta, o consentimento à vida; a *Pastoral* se quer "um retrato musical da natureza", influenciado em especial pela leitura de Goethe. Mas Ludwig sabe também o quanto é ingênua e vã a pretensão de "imitar a natureza" por meios sonoros: "Antes expressão da sensação do que pintura"[6], ele anota à margem da sua obra. Ou ainda: "A *Sinfonia Pastoral* não é um quadro; nela se acham expressas, em matizes particulares, as impressões que o homem sente no campo".[7] Pois o melhor meio de imitar a natureza, como disse Goethe, é criar...

No entanto a *Pastoral* é, de fato, uma sinfonia que ilustra um tema, na qual se introduzem algumas imitações, cantos de pássaro, por exemplo, mesmo se "todo espetáculo perde em querer ser reproduzido demasiado fielmente numa composição musical": "Despertar de impressões agradáveis ao chegar ao campo", "Cenas à beira do riacho"... "A tempestade" atraiu os raios de alguns críticos. Claude Debussy, em *Monsieur Croche*, censura Beethoven por ser "responsável por uma época em que só se via a natureza através dos livros... Isso se verifica em 'A tempestade' [...], na qual o terror dos seres e das coisas se esconde nas dobras do manto romântico, enquanto ressoa uma trovoada não muito séria".[8]

Debussy, às vezes, pensa melhor em música do que sobre a música.

Dias de guerra

Beethoven, no fim das contas, não deixará Viena. Ou o projeto se perdeu pelo caminho, ou ele renunciou no último momento a ocupar esse cargo em Kassel, na Vestfália, ou seja, em parte alguma. É verdade que uma fada madrinha intervém oportunamente: Marie Erdödy, com quem ele ainda se relaciona. Ela defende a causa de Beethoven junto a amigos ricos: o arquiduque Rodolfo, o príncipe Kinsky e o príncipe Lobkowitz se unem para pagar ao artista uma pensão anual de quatro mil florins, com a condição de que fique em Viena e continue a dar aulas ao arquiduque.

Ele escapou na hora certa. O projeto Kassel era um beco sem saída. A guerra ameaça de novo a Áustria e a França. Tropas se mobilizam em Viena em março de 1809. A intenção proclamada é expulsar os franceses. Beethoven compôs um novo concerto para piano que será seu último, e o mais belo, o chamado *O Imperador*, título particularmente impróprio, a menos que o compreendam no sentido de imperador dos concertos. Nesse momento, é improvável que ele possa se referir a Napoleão. À margem da partitura, Beethoven faz estas anotações belicosas: "Canto de vitória para o combate – Ataque! Vitória!". Sabemos que em música, e em especial em Beethoven, é a tonalidade que determina a atmosfera da obra: para o concerto *O Imperador* ele escolheu a tonalidade de mi bemol maior; a obra, essa catedral do concerto para piano, é um canto de triunfo.

Uma disputa violenta, mais uma, o afasta do seu querido aluno Ries. Esse último recebeu a proposta do cargo na Vestfália que Beethoven recusou, ou para o qual desistiram dele. Ele leva a mal a coisa, acusando Ries de querer roubar seu lugar. Má-fé? Mal-entendido? Uma visita de Ries, que quer se explicar, acaba em uma troca de socos com o empregado de Beethoven, que lhe repete a suspeita do patrão: Ries estaria agindo às suas costas.

Após a ruptura com a condessa Erdödy, Beethoven se instala numa casa, junto às muralhas de Viena, que já havia ocupado brevemente em 1804. Ali encontra-se na primeira fila para assistir aos acontecimentos. Em maio de 1809, Viena é cercada pelas tropas francesas, que venceram os austríacos na Baviera. A família imperial foge. Beethoven gostaria de fazer o mesmo, mas seu contrato o retém em Viena. Ele escreve a Franz von Brunsvik:

> Ó contrato infeliz, sedutor como uma sereia, ante o qual eu deveria ter tapado os ouvidos com cera e feito me amarrar fortemente como Ulisses para não assiná-lo! [...] Adeus, caro amigo, seja isso para mim, não tenho outro a quem possa nomear desse modo. Faz o bem a teu redor, o quanto esse tempo ruim permitir.[1]

Em 11 de maio de 1809, Viena é bombardeada. O ruído do canhão é uma tortura para os ouvidos doentes do compositor. No dia 13 a cidade é ocupada. Napoleão precisará de duas batalhas terríveis, Essling, que ele perde em 22 de maio, depois Wagram, que vence em 6 de julho, antes que suas tropas se instalem realmente em Viena: seis meses de uma ocupação humilhante, marcada por pilhagens, dificuldades de abastecimento, vexações diárias. Os "impostos de guerra" baixados por Napoleão assemelham-se a furiosas extorsões de mafiosos. Beethoven será até detido, suspeito de espionagem porque o viram tomando notas no caderno de composição. Seus esboços musicais não seriam mensagens cifradas?

É desse período que data a *Sonata para Piano* op. 81, *Les Adieux*. Adeus ao "arquiduque venerado", Rodolfo, que deixou Viena em 4 de maio de 1809, com o terceiro movimento, "O Retorno", festejando sua volta...

Joseph Haydn morre em 31 de maio de 1809, desesperado por essa situação de derrota e de ocupação, ao som do hino nacional que compôs e que tocam a seu pedido, enquanto agoniza.

Meses sombrios de 1809. Beethoven é obrigado a passar o verão na cidade, ele que ama tanto o repouso estival perto da sua querida natureza. Tem muita dificuldade de compor, como se devesse observar uma pausa depois dos anos de trabalho intenso que viram nascer tantas obras-primas. Lê muito, música e poesia: Haendel, Mozart, Bach, cujas partituras pede a um editor para lhe enviar; Goethe, Schiller e Homero – incansavelmente. Faz amizade com um francês, o barão de Trémont, auditor no Conselho de Estado em missão diplomática, que admira profundamente sua música e gostaria de levá-lo à França. Beethoven é patriota, mas ignora as mesquinharias nacionalistas. A França é inimiga, não todos os franceses.

Ele não renunciou a seu projeto matrimonial. Após a assinatura do contrato que faz dele, supõe-se, um partido aceitável, chegou até a escrever ao amigo Gleichenstein para pedir que encontrasse para ele "uma bela que combine talvez os suspiros às suas [dele] harmonias". "Mas", acrescenta, "é preciso que seja bonita, não posso amar senão o belo – caso contrário seria obrigado a amar a mim mesmo."[2]

Essa bela que saberá preencher sua vida madura, ele pensa ter encontrado na pessoa de Teresa Malfatti, a jovem sobrinha do seu médico. Em que momento o amor o fulminou, a ponto de fazê-lo pensar mais uma vez em casamento? Certamente na primavera de 1810, pois passou um inverno sofrido, debilitado pelas privações impostas pela presença em Viena de 120 mil homens do exército napoleônico. Ele está desiludido, ferido pelos acontecimentos recentes, pela derrota da Áustria...

Mas chega a primavera e ele escreve a Teresa uma carta que não deixa dúvidas sobre seus sentimentos. Brincando, ele evoca "o ser distante que vive em nós", estimula Teresa quanto a seus talentos musicais, dá a ela alguns conselhos de leitura. A Zmeskall, pede um espelho para cuidar da sua aparência, a Wegeler, que lhe envie de Bonn sua certidão de batismo! O pedido de casamento está próximo.

Mas ele não tarda a receber uma ducha fria. A família Malfatti recusa o casamento, a começar certamente por Teresa, que só tem por Ludwig o sentimento de respeito. Depois os pais. E por fim o tio, o médico, que vê em Beethoven "um homem de ideias confusas".[3] "A notícia que você me dá me precipitou das regiões do mais alto êxtase a uma queda profunda"[4], ele escreve a Gleichenstein ao tomar conhecimento da sua desgraça.

Mas é quando acredita que tudo está perdido que ele terá um dos mais belos encontros da sua vida.

Bettina e Goethe

Bettina Brentano pertence a uma rica família de Frankfurt. Seu pai, burguês afortunado que afirma descender dos Visconti, desposou em segundas núpcias a bela Maximiliana de Laroche, a mãe de Bettina. Maximiliana, quando tinha dezesseis anos, foi amada por Goethe antes de se casar com Pierre-Antoine Brentano. Amor platônico? Dizem que seu casamento inspirou a Goethe *Os sofrimentos do jovem Werther*.

Bettina, com 25 anos em 1810, é também uma amiga de Goethe. É uma moça notável: culta, musicista, apaixonada por poesia, aberta às ideias novas e que vibra com fervor aos ideais do romantismo. Goethe é seu mentor intelectual, Beethoven seu ídolo. Durante uma temporada em Viena na casa do seu irmão Franz von Brentano, ela procura encontrá-lo.

Franz von Brentano, banqueiro em Frankfurt que vive em Viena por algum tempo, é casado com Antonie von Birkenstock. Beethoven é amigo do casal. Visita com frequência Antonie, que dizem de saúde frágil, para lhe tocar piano. É talvez com ela que Bettina vai pela primeira vez à casa do compositor.

Existe toda uma literatura sobre Bettina, uma das candidatas ao título de "Bem-Amada Imortal" de Beethoven. Do encontro entre eles na primavera de 1810, ela mesma deixou testemunhos cativantes e preciosos sobre o Beethoven daquele ano, quando chegava aos quarenta... O único problema é uma carta supostamente escrita a Goethe em 1810 que, na verdade, teria sido redigida em 1835 – motivo de disputas entre os exegetas que, em matéria de estudos beethovenianos, lembram às vezes teólogos construindo a partir do nada hipóteses mirabolantes. Seja como for, os textos deixados por Bettina são os mais belos escritos sobre Beethoven, como mostram os trechos abaixo. Primeiro esta carta a Anton Bihler, datada de 9 de julho de 1810:

Só conheci Beethoven nos últimos dias da minha temporada em Viena; por pouco não o teria visto, pois ninguém queria me levar até ele, mesmo os que se diziam seus melhores amigos, temerosos da melancolia que o leva a não se interessar por nada e a tratar os estranhos com mais grosseria do que polidez. [...] Ninguém sabia onde ele morava; na maior parte do tempo, permanece completamente escondido. – Sua casa chama muito a atenção: na primeira peça, dois ou três pianos, desmontados, baús onde estão seus pertences, uma cadeira de três pés; na segunda peça, seu leito, que tanto no inverno quanto no verão consiste em um colchão e um fino cobertor, uma bacia sobre uma mesa de pinho, as roupas de dormir no chão.

Esperamos cerca de meia hora, pois ele estava justamente se barbeando. Por fim, chegou. É um homem baixo (por mais altos que sejam seu espírito e seu coração), pele escura, com marcas de varíola no rosto, em suma o que as pessoas chamam de feio, mas tem uma fronte celeste, modelada de maneira tão nobre pela harmonia que poderíamos contemplá-la como uma magnífica obra de arte, cabelos pretos, compridos e lançados para trás; parece ter apenas trinta anos. Ele mesmo não sabe sua idade, mas pensa ter trinta e cinco anos.

[...] Esse homem tem um suposto orgulho que o faz não tocar por complacência nem para o imperador ou para os duques que lhe pagam uma pensão, e em toda a Viena é raro ouvi-lo. Quando lhe pedi que tocasse, respondeu: "Ora, por que devo tocar?" E eu disse: "Porque amo encher minha vida de coisas magníficas, e porque sua interpretação marcará época na minha vida".

[...] De repente ele esqueceu tudo o que o cercava e sua alma se lançou num oceano de harmonia. Senti por esse homem uma ternura infinita. Em matéria de arte, mostra-se tão senhor e tão verdadeiro que artista nenhum o iguala. Mas, no restante da sua vida, é tão ingênuo que é possível fazer com ele o que se quiser. Sua distração é motivo de troça; os outros se aproveitam tanto disso que é raro quando tem dinheiro para obter o estritamente necessário. Amigos e irmãos o exploram; suas roupas estão rasgadas, parece um maltrapilho, mas mesmo assim seu aspecto é imponente e magnífico.[1]

As palavras da jovem revelam um amor nascente, se não uma paixão à primeira vista, com certa tendência para a exaltação e o sublime. Mas o retrato é impressionante. Na famosa carta a Goethe, cuja data é incerta, Bettina relata frases ditas pelo próprio Beethoven. Trata-se evidentemente de uma reconstituição, talvez a partir de notas tomadas durante as conversas ou pouco depois. O tom dessas frases é com frequência elevado, o que não corresponde muito ao que se sabe do linguajar beethoveniano, bem mais áspero. Mas no fundo se desenha a arte musical e poética de Beethoven. Após uma longa homenagem a Goethe, quem ele sonha conhecer, Ludwig fala da sua visão do mundo pela música:

> O espírito se estende até uma generalidade sem limites, forma para si toda uma camada de sentimentos suscitados pelo simples pensamento musical que, de outro modo, se extinguiriam sem deixar vestígios. Eis aí a harmonia. É o que se acha expresso nas minhas sinfonias; mistura de formas múltiplas que, ao se fundirem e se amalgamarem num todo, se dirigem juntas ao mesmo objetivo. Então realmente a presença de algo de eterno, de infinito, de inapreensível se faz sentir e, muito embora penetrado em cada uma das minhas obras pelo sentimento do êxito, sinto mesmo assim, no momento em que a última batida dos tímpanos impõe a meus ouvintes minha convicção e meu gozo, sinto como uma criança a eterna necessidade de recomeçar o que me parece acabado. Fale de mim a Goethe! Diga-lhe que deve ouvir minhas sinfonias! Ele concordará comigo que a música é a única e imaterial entrada num mundo mais alto do saber, que envolve o homem sem que este possa percebê-lo. Para que o espírito possa concebê-la em sua essência, é preciso que ele tenha o sentimento do ritmo; graças à música, temos o pressentimento, a inspiração das coisas divinas. E o que o espírito recebe dela pelos sentidos é uma revelação espiritual encarnada.[2]

Talvez mais Bettina do que Ludwig. Não importa. Beethoven está encantado com o fascínio que exerce sobre essa moça de tão grande talento. Além do mais, ela é amiga íntima de Goethe, cuja obra ele venera... "Fale de mim a Goethe!" Através dela ele espera entrar em contato com o grande homem, talvez conhecê-lo pessoalmente. Mas terá que esperar ainda dois anos.

Ele musicara poemas de Goethe nos anos anteriores: quatro melodias para soprano e piano (WoO 134), reunidas sob o título *Sehnsucht* ("Aspiração"); alguns *lieder* (op. 75), entre os quais *Kennst du das Land*, que ele mesmo canta a Bettina Brentano quando ela vem visitá-lo; e os três *lieder* op. 93, que enviará a Goethe por intermédio de Bettina, sem receber resposta nem agradecimentos: para Goethe, a atenção e a cortesia não são virtudes essenciais. E ele acaba de compor a música de *Egmont*, baseada na obra do mesmo Goethe, glorificação de um herói que luta pela liberdade. Sobre esse texto, concebeu uma música grandiosa, épica. Contemporânea do concerto *O Imperador*, ela é um pouco negligenciada, injustamente, pelos intérpretes e os melômanos. Egmont é o herói do povo que, por fidelidade a seu ideal, recusa as intrigas políticas maquinadas por Maquiavel. Situado em Bruxelas em meados do século XVI, o drama de Goethe expõe o fracasso dessa atitude frente à velhacaria de Guilherme de Orange, seu companheiro que o traiu, e a crueldade do duque de Alba. Egmont aceita morrer pelo povo em nome da liberdade. Sobre esse tema que tanto se assemelha a ele, Beethoven escreveu uma música de cena tingida de idealismo heroico, tensa ao extremo, uma verdadeira sinfonia em dez trechos que, apesar da morte do herói, termina em canto de vitória.

Entre Bettina Brentano, Beethoven e Goethe, se estabelece um jogo do qual Goethe não sai engrandecido, opondo sua indiferença de celebridade consagrada ao entusiasmo admirativo do compositor.

A temporada de Bettina em Viena é curta, mas Beethoven se sente revigorado por esse encontro. No começo do verão de 1810, trabalha no seu *Décimo primeiro quarteto*, uma obra magnífica e sombria, marcada por fortes oposições, terminando num movimento triunfal que lembra muito a abertura de *Egmont*. "A felicidade me persegue", ele escreve a Zmeskall em 9 de julho de 1810, "e já tenho medo, por essa razão, de uma nova infelicidade."[3]

A felicidade? É certamente o encontro com Bettina, cujo encantamento se prolonga. Apesar das preocupações com dinheiro (seus mecenas, arruinados pela guerra, relutam em lhe pagar a pensão: "Algo mais mequeno que os nossos Grandes, isso não existe"[4], ele pragueja), a esperança parece voltar. Estaria apaixonado por Bettina? Uma carta que lhe escreve em 11 de agosto de 1810 não deixa muitas dúvidas: "Não há primavera mais bela do que a deste ano, eu lhe digo e sinto assim, porque a conheci".[5] Ela é "um anjo", ele a chama "Bettina querida", perguntando, de passagem, se falou dele a Goethe... "Desde que você partiu, tive horas de tristeza, horas de escuridão nas quais nada se pode fazer."[6] Se não é amor, é muito parecido.

O que Ludwig ignora é que Bettina vem sendo cortejada há muitos meses pelo poeta Achim von Armin. Ela resiste, não se interessa muito por ele. No entanto, acabará se casando com ele no ano seguinte – casamento de conveniência, sem amor? Sua carta a Bihler mostra-a muito perturbada, ou mais do que isso, pelo encontro com Beethoven. Mas ela está longe...

Nesse mês de agosto de 1810, justamente, Bettina passa uns dias em Teplice, na Boêmia, junto a Goethe. A acreditar em Romain Rolland, o comportamento do grande homem com a jovem não é muito reluzente: Goethe tem uma velhice lúbrica e pouco respeitosa. Bettina aproveita para lhe falar sem cessar de Beethoven, sem que o escritor se mostre interessado. Goethe, mestre da poesia, do teatro, do romance, pensador brilhante, espírito universal, tem um defeito: não entende grande coisa de música. Ele, cujos versos os maiores compositores, em particular Franz Schubert, ornarão com sublimes melodias, é pouco sensível ao gênio musical. Certamente por ser mal orientado: seu "conselheiro musical" e amigo, Zelter, professor de harmonia, músico bastante limitado e um tanto carola, vê no oratório *O Cristo no Monte das Oliveiras* "uma falta de pudor cujo fundo e o alvo são a morte eterna".[7] Esse solene cretino critica Beethoven por "empunhar a maça de Hércules para esmagar moscas" e "encolhe os ombros diante da exposição desse talento que nada faz além de dar consistência a bagatelas".[8] Com tais julgamentos, a reputação de Beethoven junto a Goethe está feita. Bettina se revolta. Em dezembro de 1810, escreve a Goethe uma violenta carta na qual nada esconde do que pensa de Zelter, uma carta inflamada, quase um manifesto:

> Zelter não deveria se opor a Beethoven; ele se enrijece diante da música, como uma tábua de madeira. O que é conhecido ele tolera, não porque compreenda, mas porque está acostumado, como o asno à sua carga diária. [...] Toda arte se empenha em rechaçar a morte, em guiar o homem ao firmamento; mas, onde os incultos montam guarda ao redor, ela se mantém humilhada e de cabeça tonsurada: o que devia ser livre vontade e vida livre não é mais do que mecanismo; e assim, por mais que se espere e acredite, dela nada sairá.[9]

Goethe recebe essa carta com placidez e responde simplesmente a Bettina: "Você está imaginando, nessa sua cabecinha, fantasias inverossímeis – em relação às quais não quero te dar lições nem te importunar".[10] Alguns meses mais tarde, casada e decidindo enfim a se abrir com Goethe, ela retoma seus arroubos em favor de Beethoven, sem muito mais sucesso: Goethe faz ouvidos moucos.

Beethoven é um homem sem posição social eminente, sem fortuna. Não tem nem a habilidade nem a capacidade da impostura que propulsionam as carreiras. Para Sua Excelência o Conselheiro Goethe, isso não é algo que advogue em seu favor. Além do mais, sua música... É possível até que a insistência devota que Bettina manifesta tenha acabado irritando Goethe, pois as relações dos dois já não se mostram tão estáveis. Mas Bettina não é a única a desejar o encontro dessas duas distintas figuras do gênio alemão: Beethoven conta entre seus amigos um jovem de excelente família, Franz Oliva, banqueiro de profissão, o que não o impede de ser um músico culto. Ele às vezes desempenha junto a Beethoven, como outros, o papel de secretário. E é encarregado de agir como mensageiro junto a Goethe, levando-lhe uma carta de Ludwig, decididamente obstinado. Uma carta, aliás, em que ele demonstra grande humildade: "Bettina Brentano me assegurou que o senhor me acolheria com benevolência e até mesmo com amizade. Mas como eu poderia pensar em tal acolhida, quando mal sou capaz de me aproximar do senhor com o maior respeito, com um inexprimível e profundo sentimento por suas magníficas criações?".[11]

A carta chega às mãos de Goethe em 4 de maio de 1811. Desta vez ele vai responder, após um tempo. E Beethoven tem enfim, dois meses mais tarde, o sinal por que tanto esperou: o grande homem recebeu sua carta amistosa, por intermédio de *Herr* Von Oliva, com um grande prazer, jamais tendo ouvido suas obras, tocadas por grandes artistas, sem esperar pela ocasião de um dia admirar seu autor ao piano e deleitar-se com seu extraordinário talento. E ele prossegue: "A boa Bettina bem que merece a simpatia que demonstra por ela. Fala do senhor com exaltação e com a mais viva simpatia. Conta as horas que passou em sua companhia entre as mais felizes de sua vida. [...] Certamente o senhor encontrará em Weimar uma recepção digna dos seus méritos. Mas ninguém pode estar mais interessado na sua vinda do que eu, que exprimo meu cordial agradecimento por tantos bens que já recebi do senhor".[12]

Essas palavras são um modelo de hipocrisia diplomática, mas Beethoven exulta. Goethe, o imenso Goethe, lhe respondeu! Por certo ele moderaria o entusiasmo se soubesse o que o escritor disse da sua música a Sulpiz Boisserée, um dos seus amigos, durante a visita de Oliva, que lhe tocou uma de suas obras ao piano: "*Isso* quer abarcar tudo e se perde sempre no elementar. Na verdade, belezas infinitas no detalhe. [...] Quem oscila desse modo há de perecer ou ficar louco. [...] Nós, velhos, acabaremos loucos furiosos quando tivermos de ver ao nosso redor esse mundo em deliquescência, que retorna aos elementos, até que – sabe Deus quando – surja a primavera".[13] Um homem das Luzes, que vê morrer o mundo antigo sob as invectivas do romantismo que ele ajudou a criar, e que não se consola com isso. Os encontros com Goethe, breves e tempestuosos, só acontecerão no ano seguinte.

A obra mais marcante do ano de 1811 é o trio op. 97 para piano, violino e violoncelo *Ao Arquiduque*, dedicado ao arquiduque Rodolfo: uma composição importante da música de câmara, ampla e lírica, com uma expressividade marcada por moderação e nobreza. Ele a escreveu em março, quando Rodolfo, ferido num dedo e ocupado com festividades, se mostra menos presente e ávido de lições. Ele compõe também duas obras de encomenda, *As Ruínas de Atenas* e *Rei Estevão*, para a inauguração do Teatro Nacional e Imperial de Pest, na Hungria. Seu projeto é interesseiro: está de olho num cargo de mestre de capela, pois a Dieta da Hungria, que deve designar um novo primaz, pensa no arquiduque Rodolfo. Mas ele encurtará uma temporada em Teplice ao saber que o projeto foi abandonado, já que o arquiduque recusara o cargo. Obras que não serviriam para nada? Quem não vibrou às entonações da marcha turca de *As Ruínas de Atenas* não sabe o que é o êxtase dionisíaco em música...

A Bem-Amada Imortal

No verão de 1811, portanto, Beethoven passa pela primeira vez uma temporada em Teplice, na Boêmia. É uma cidade termal para onde vão sobretudo os que sofrem de astenia: o médico de Beethoven lhe aconselhou essa cura para tratar sua surdez, que se supõe devida a uma falta de dinamismo das zonas da audição. Estranhos itinerários da medicina.

Quem disse que ele era apenas um selvagem intratável? Teplice é frequentada pela boa sociedade, pessoas "de qualidade" que o aproximam um pouco de Goethe, sempre inacessível. Lá ele conhece Rahel Levin e seu noivo, o escritor Karl August Varnhagen von Ense. Brilhante, culta, Rahel pertence a uma família judaica de comerciantes e mantém em Berlim um renomado salão onde se reúne a fina flor do romantismo. Os dois são amigos de Goethe, que aprecia pessoas afortunadas. Rahel é cerca de quinze anos mais velha do que o noivo, e forma com ele um casal improvável e frágil, pois Varnhagen é bastante chegado ao belo sexo. Mas eles se aproximam de Beethoven, e Varnhagen escreve sobre o músico palavras extremamente calorosas:

> Nos últimos dias do verão, conheci em Teplice Beethoven e encontrei nesse homem, tido injustamente como selvagem e insociável, um excelente artista de coração de ouro, um espírito sublime e uma amizade generosa. O que ele recusou com obstinação a príncipes nos foi concedido com generosidade: tocou piano para nós. Logo fiquei íntimo dele, e seu caráter nobre, o eflúvio ininterrupto de um sopro divino que acreditei perceber com um sagrado respeito no seu círculo mais próximo, aliás muito tranquilo, me ligou tão fortemente a ele que não prestei atenção, durante os dias, ao incômodo das conversas, que logo se tornam fatigantes por causa da sua surdez.[1]

Quanto a Rahel... Teria havido um romance entre eles, nesse verão de 1811, enquanto o jovem poeta corria atrás de jovens beldades? Alguns pensam que sim, já que Beethoven gosta de viver à sombra dos maridos ou dos noivos, bom pretexto para não se comprometer mais adiante. É mais provável, embora uma coisa não impeça a outra, que Beethoven, em Teplice, tenha ficado impressionado e atraído por uma jovem que acompanha o poeta Tiedge, autor de *An die Hoffnung* [À esperança], que ele musicou em 1804 para Josefina Deym: trata-se de Amalie Sebald, uma cantora pela qual Beethoven alimentou por um breve tempo ternos sentimentos, como o atesta uma carta a Tiedge: "A Amalie, um beijo ardente, se ninguém nos vê".[2] Alguns viram mesmo em Amalie a "Bem-Amada Imortal", essa mulher misteriosa que vai lhe inspirar, no ano seguinte, a carta que deu tanto o que falar.

Essa carta data dos primeiros dias de julho de 1812. Beethoven passou um ano exasperante. As preocupações com dinheiro o atormentam. A guerra deixou a Áustria exaurida e houve uma desvalorização drástica: as rendas de Beethoven já não valem quase nada. Ele fulmina contra os vienenses, contra a "barbárie austríaca"[3], acalenta novos projetos de partida, rapidamente abortados. Pensou em partir para a Inglaterra, mas a guerra ameaça de novo: Napoleão se prepara para marchar em direção à Rússia.

No começo de julho, após uma passagem por Praga, Beethoven vai de novo a Teplice.

Após a morte de Beethoven, foi encontrada entre seus papéis – com o *Testamento de Heiligenstadt* – esta carta. Se faltava um documento para revestir com um pouco de lenda uma vida em poucas palavras difícil e infeliz, a falta foi preenchida. A carta suscitou quase tantos questionamentos, exegeses, suposições, conjecturas e hipóteses quanto um evangelho. Ela nada traz de novo sobre Beethoven, seu caráter, suas reações amorosas, que não suspeitássemos. Simplesmente envolve um momento de sua vida naquele mistério que completa os destinos. Beethoven chegou em Teplice em

5 de julho, às quatro da manhã, após uma viagem difícil. No dia seguinte escreveu:

> 6 de julho, de manhã.
> Meu anjo, meu tudo, meu eu, hoje apenas algumas palavras, e mesmo a lápis (com o teu); não será amanhã que meu alojamento estará definitivamente estabelecido; que miserável perda de tempo para tais coisas! Mas por que essa profunda tristeza quando a necessidade fala? Pode nosso amor existir a não ser por sacrifícios, pela obrigação de nem tudo pedir, pode você não ser toda minha e eu todo seu? – Ah, Deus, contempla a bela natureza e tranquiliza teu espírito sobre o que deve ser – o amor exige tudo e com toda a razão, é assim com você e comigo – mas você esquece tão depressa que devo viver para mim e para você – se estivéssemos inteiramente juntos, sentiríamos muito pouco essa dor. – Minha viagem foi terrível! Só cheguei ontem às quatro horas da manhã! Como faltavam cavalos, a diligência tomou outro caminho, mas que caminho pavoroso; na penúltima parada, me aconselharam a não viajar à noite – me falaram, para me assustar, de uma floresta a transpor, o que me excitou ainda mais, e cometi um erro, o carro teria se partido nesse terrível caminho de terra intransitável – se não fossem meus postilhões, eu teria ficado na estrada. Esterházy, que seguiu o caminho comum, teve a mesma sorte, ele com oito cavalos, eu com quatro – o que me deu certo prazer, como sempre acontece quando consigo superar um obstáculo. – Mas voltemos depressa do exterior ao interior! Certamente não nos veremos em breve, assim hoje só posso te comunicar observações que fiz sobre a minha vida durante esses poucos dias – se nossos corações estivessem sempre apertados um contra o outro, eu não as faria. O coração está repleto demais para poder te dizer alguma coisa – ah! – há momentos em que acho que a palavra ainda não é absolutamente nada – alegre-se – continue sendo meu fiel, meu único tesouro, meu tudo, como eu para você; quanto ao resto, os deuses decidirão o que deve ser e o que há de vir para nós.
> Teu fiel
>
> Ludwig

Sexta-feira, 6 de julho, à noite.
Você sofre, você, minha mais cara criatura – há pouco eu soube que as cartas devem ser postadas de manhã cedo. Segunda-feira – quinta-feira – são os únicos dias em que a posta-restante parte daqui para K. [Karlsbad] – Você sofre – ah, onde estou você também está, e farei de tudo para que eu possa viver com você, que vida!!! assim!!! sem você – perseguido aqui e ali pela bondade dos homens que desejo merecer embora pouco a mereça – humildade do homem diante do homem – ela me aflige – e, quando me considero no conjunto do universo, o que sou eu e o que é aquele que chamam de Supremo? – No entanto – também aí está o elemento divino do homem – Choro quando penso que você só receberá provavelmente no sábado esta minha primeira notícia – seja qual for teu amor por mim, te amo ainda mais – mas nunca se esconda de mim – boa noite – como banhista das termas, preciso dormir. Ah, Deus – tão perto! tão longe! Nosso amor não é uma verdadeira construção celeste, tão sólida quanto o firmamento?
Manhã cedo, 7 de julho – no leito os pensamentos já se lançam em tua direção, minha Bem-Amada Imortal, às vezes alegres, depois novamente tristes, perguntando ao destino se ele atenderá nossos pedidos. – Viver, só é possível inteiramente contigo ou é impossível, resolvi mesmo vagar ao longe até o dia em que puder voar para teus braços, quando só então estarei na minha pátria, pois, cercado por ti, poderei mergulhar minha alma no reino dos espíritos. – Sim, infelizmente é preciso – você se resignará melhor quando souber da minha fidelidade, nenhuma outra pode possuir meu coração, nunca – nunca – ó Deus, por que devemos nos afastar do que amamos? No entanto minha vida em V. [Viena] é agora uma vida miserável – teu amor fez de mim ao mesmo tempo o mais feliz e o mais infeliz dos homens – na minha idade eu precisaria de uma vida mais uniforme, mais estável – pode ela existir, havendo nossa ligação? Anjo, acabo de saber que a posta parte todos os dias – assim preciso parar de escrever a fim de que receba esta carta em seguida. – Fique calma, somente através de uma contemplação descontraída da nossa existência poderemos atingir nossa meta, que é viver juntos – fique calma – me ame – hoje – ontem – oh que aspiração banhada de lágrimas por você – você – você – minha vida –

meu tudo – adeus – Continue a me amar – não esqueça nunca
o coração muito fiel
Do teu amado L.
eternamente teu
eternamente minha
eternamente nós[4]

A tentativa de resolução do enigma da "Bem-Amada Imortal" tornou-se uma passagem obrigatória da exegese beethoveniana. Antes de lembrar as diferentes – e numerosas – hipóteses que foram propostas, para depois assinalar a solução que parece se impor no momento em que escrevemos – e antes da próxima... –, nos permitiremos algumas observações.

Em primeiro lugar, já que essa carta foi encontrada na casa de Beethoven, duas possibilidades se impõem: ou ele nunca a enviou, ou ela lhe enviou de volta ou devolveu por motivos de discrição. No primeiro caso, pode ser que Beethoven a julgasse deslocada, inconveniente, vã, testemunho de um arrebatamento amoroso que se parece muito com um surto. Sabemos que esse eterno apaixonado, e também muito volúvel, podia conhecer tais crises, às vezes próximas do delírio, que beiram um pouco a mitomania. O próprio tom da carta traduz um estado em que a exaltação erótica se mistura com uma alegoria tradicional dos contos germânicos: passagem numa floresta escura numa noite de tempestade (circunstância, aliás, autêntica), provação iniciática antes da revelação do êxtase. Quanto ao sonho de vida em comum e de felicidade a dois, o perpétuo recusado que é Beethoven fez dele o fundamento da sua psique amorosa, ao mesmo tempo desejo e temor, *wishful thinking* e má-fé de que ele por certo não tem uma clara consciência. Uma vez passada a crise, ele pôde guardar a carta entre seus papéis, como quem perde as ilusões. No segundo caso, ou seja, se a carta lhe foi devolvida, é mais simples ainda: uma vez mais, ele se iludiu sobre os sentimentos do objeto de seus desejos.

Resta saber quem é a mulher a quem se dirige essa prosa incandescente. Aqui os cães de caça entram em cena. Por muito tempo eles não chegaram a um acordo sobre o ano da carta, e nem sempre concordam sobre a identidade da pessoa. Mas é verdade também que a pesquisa exegética progrediu consideravelmente em dois séculos: novos documentos apareceram, investigações que permitem seguir os deslocamentos dos interessados através de registros em hotéis e cartas, todos concordando hoje em relação ao ano: 1812.

Mas para Schindler, que se dizia íntimo de Beethoven e seu único amigo, que foi seu primeiro biógrafo e o responsável pelo holocausto de muitos de seus cadernos, o encontro teria se passado em 1806, ou mesmo em 1803, e a Bem-Amada Imortal seria Giulietta Guicciardi. Thayer, o primeiro biógrafo sério de Beethoven, cujo livro foi retomado e completado por Deiters e depois por Elliot Forbes em 1964, não se pronuncia. Para outros biógrafos, as candidatas são as duas irmãs Brunsvik, Teresa e Josefina. Mas nessa época as irmãs Brunsvik, e Josefina em particular, quase não estão mais presentes na vida de Ludwig. Amalie Sebald foi evocada. E mesmo a recém-chegada que ele conheceu em Teplice no ano precedente, Rahel Levin.

Numa investigação minuciosa, intelectualmente satisfatória, o que afinal é o objetivo da solução dos enigmas e das charadas, Maynard Solomon, cotejando informações, procedendo a eliminações e a deduções que se leem como um romance policial da época imperial, chega à única solução que lhe parece verossímil: a Bem-Amada Imortal é Antonie Brentano, em solteira Antonie von Birkenstock, a cunhada de Bettina. Essa mulher melancólica, frágil, saudosa da sua terra natal, a quem Beethoven, atento e discreto, vinha a Viena trazer os tesouros de seus talentos de pianista como amigo íntimo, desempenhou na vida sentimental dele um papel considerável. Dez anos mais tarde, ele dedicará a ela suas *Variações para Piano sobre uma Valsa de Diabelli*, imponente obra da literatura pianística.

Está provado que Antonie Brentano se encontrava em Praga no começo de julho de 1812, onde Beethoven pôde vê-la – a prosa do apaixonado conserva o traço de um êxtase recente – e a seguir em Karlsbad, para onde a carta devia ser enviada. E Beethoven está certo de revê-la em breve: de fato, ele irá a Praga durante esse verão.

Claro que esse conjunto de provas não constitui uma certeza definitiva. Aliás, isso tem muita importância?

Alguns dias depois, em 19 de julho de 1812, ainda em Teplice, Beethoven encontra-se finalmente com Goethe! É o próprio grande escritor, por insistência de Varnhagen, quem vai visitá-lo.

É um fato que, quando duas personalidades excepcionais se encontram, geralmente têm pouco a se dizer. Universos singulares, rivalidade, caminhos paralelos que não se unem – sem contar que a amizade, misteriosa alquimia, não se decreta. Eles são muito diferentes. Goethe, refinado, elegante, mundano, diplomático e grande escritor ao mesmo tempo; Beethoven, direto, franco, sem cerimônias e descuidado. Aliás, os dois não se julgam tão mal: "O ambiente da corte agrada muito a Goethe" – escreve Beethoven, lúcido – "mais do que convém a um poeta. Por que rir do ridículo dos virtuoses, se os poetas, que deveriam ser os primeiros educadores de uma nação, esquecem todo o resto por essa quimera?".[5] Quanto a Goethe, fica impressionado e, no mesmo dia do primeiro encontro, escreve à sua mulher: "Eu nunca tinha visto um artista mais fortemente concentrado, mais enérgico, mais interior. Compreendo muito bem que sua atitude deva parecer extraordinária ao resto do mundo". E, no começo de setembro, Goethe escreve a Zelter: "Conheci Beethoven em Teplice. Seu talento me encantou, mas infelizmente é uma figura indômita que por certo não se engana de achar o mundo detestável, mas que não o torna agradável nem para si nem para os outros".[6]

O que se passa durante esses encontros? Eles falam, procuram se familiarizar. Beethoven toca piano para Goethe. Ocorre durante esses dias um episódio talvez apócrifo, pois contado muito tempo depois (em 1832) por Bettina Brentano, então de mal com o escritor – e sobretudo com a imponente *Frau* Goethe: enquanto passeiam de braços dados, conversando nos jardins públicos, Beethoven e Goethe teriam cruzado com a família imperial. Goethe teria se curvado em mesuras, enquanto Beethoven passou no meio dos duques e mal levantou o chapéu. Estes, separando-se dos dois lados para lhe dar passagem, o saudaram muito amistosamente. Depois que passaram, Beethoven se deteve e esperou Goethe, que havia se desviado com profundas reverências. Disse então a ele: "Eu o esperei porque o respeito e o estimo como merece, mas o senhor lhes prestou honras em demasia".[7]

A história é boa. E, como dizem os italianos, *si non è vero, è ben trovato*.

Os dois homens não voltarão a se ver. O encontro dos dois alemães mais admiráveis do seu tempo não deu em nada. Jamais, em nenhum dos seus escritos, Goethe faz a menor alusão a Beethoven. E todas as cartas do músico, daí por diante, ficarão sem resposta.

Ele deixa Teplice no final de julho rumo a Karlsbad, onde dá um concerto de caridade em 6 de agosto. Teria então visto a Bem-Amada Imortal? Sabemos que Antonie Brentano encontrava-se ali nesse momento, com o marido. De volta a Teplice, num setembro frio e chuvoso, ele reencontra Amalie Sebald, com quem retoma contato numa atmosfera de camaradagem mesclada com um pouco de flerte. Deixa-se tratar como um tirano, o que ele é em alguns momentos, aproveita-se da situação num tom de brincadeira, às vezes de forma mais explícita. Na verdade, não está bem e adoece. Amalie, que vai visitá-lo quando ele pode recebê-la, procura cuidar dele. Estaria apaixonada? Ela conservará a vida inteira um cacho dos cabelos de Beethoven, "cortado de sua cabeça em Teplice, por volta do final do setembro de 1812"...[8]

Em meio a esses encontros e a essas excitações amorosas, ele acha tempo de trabalhar como de costume, isto é, constantemente. A arte não admite repouso nem interrupções. Ludwig sempre traz consigo um caderno no qual rabisca as ideias que lhe vêm. Nesse ano, dá um acabamento à sua *Sétima Sinfonia* em lá maior. De onde tirou forças para compor, e terminar em abril, essa obra imponente, de uma beleza orquestral e de tamanha energia rítmica que Wagner a cognominará "Apoteose da dança"? É uma verdadeira festa, uma saturnal em que irrompe uma alegria sobre-humana, exprimindo um sentimento de triunfo libertador – assim ela é recebida pelo público do concerto de 8 de dezembro de 1813, quando tocada junto com *A Batalha de Vittoria* ou *A Vitória de Wellington*. O *alegretto* mistura o ritmo majestoso de uma marcha a uma espécie de meditação lírica que se eleva até o sublime, a tal ponto que precisou ser bisado na primeira apresentação para um público levado às lágrimas.

É também nesse mesmo verão de 1812, tão fértil em acontecimentos, que compõe sua *Oitava Sinfonia*, essa "pequena sinfonia em fá" que parece quase apressada no encadeamento de seus movimentos, mas que traduz um constante júbilo. Beethoven tinha uma predileção por essa sinfonia menos admirada que a *Sétima* e que teve uma acolhida mais discreta. Ficou magoado com isso, por considerá-la "bem melhor".[9]

No outono de 1812 acontece um curioso episódio, que lança uma luz um tanto desfavorável sobre as concepções morais de Beethoven. Seu irmão caçula Johann, farmacêutico em Linz, inicia um caso amoroso com uma mulher de costumes considerados discutíveis, Teresa Obermeyer. Ciúmes? Sobressalto de pudicícia? Reflexo do clã? Velho rancor que busca apenas um pretexto para explodir em violência tirânica? Teresa, é verdade, é mãe de uma filha de pai desconhecido. Imediatamente, Beethoven corre a Linz. Parece furioso. Injúrias, rixa com o irmão: na família Beethoven, as diferenças se resolvem mediante punhos. Ele quer que a intrusa desapareça da vida do irmão. Chega até a alertar as autoridades da cidade e o bispo para que a expulsem. O caso dura cerca de um mês. No final, Johann pega o irmão de surpresa: ele se casa com a amante. Ludwig assiste à cerimônia praguejando, ele que não consegue se casar, e já no dia seguinte volta a Viena. Pelo menos, durante essa tragicomédia familiar bastante lamentável, concluiu sua *Oitava Sinfonia*...

Depressão

Trabalho demais, tensões demais, demasiadas emoções e decepções sentimentais. Sua obra é imensa, magnífica, excepcional – e sua vida um desastre. O episódio Johann, do qual ele talvez não se orgulhe muito, lhe deixou um gosto amargo. Família confusa. Seu irmão Karl não vale muito mais. Ludwig o acusa de lhe roubar as partituras, que ele perde com frequência na desordem de seus pertences. Um dia ele irrompe na casa de Karl, o insulta. Os dois se atracam. A esposa de Karl, que reencontraremos em breve, procura separá-los. Karl tira as partituras de uma gaveta. Novos insultos de Ludwig, pedidos de perdão de Karl... Pouco tempo depois, eles voltam a se encontrar na ponte Ferdinando. Karl, já atingido pela tuberculose, parece um morto-vivo. Ludwig o cobre de beijos, chama um fiacre para levá-lo de volta para casa. Transeuntes assistem à cena, estupefatos.

A falta de dinheiro se torna inquietante. Sua pensão só lhe é paga esporadicamente. O príncipe Kinsky, um dos mecenas, morre em uma queda de cavalo. Apenas o arquiduque Rodolfo continua a sustentá-lo com regularidade.

De 1813 a 1818, a produção de Beethoven diminui de forma espetacular. Como se tivesse necessidade de retomar fôlego após tamanho esbanjamento de energia criadora e o surgimento de tantas obras-primas. Os acontecimentos da sua vida podem explicar essa pausa relativa. Mas por ora, no final de 1812 e nos primeiros meses de 1813, há uma razão maior para a apatia: ele está abatido. E mesmo deprimido. A palavra é ainda desconhecida, mas a coisa não é: é o que chamam melancolia, ou mal do século, no movimento romântico. É motivo de algumas mortes, seja por suicídio ou por definhamento físico.

Ele sofre e começa a escrever um diário. No final de 1812, estas anotações:

Resignação, resignação profunda à tua sorte! Somente ela te permitirá aceitar os sacrifícios que o "serviço" exige. Oh, luta penosa! Prepara a distante viagem por todos os meios. Faz tudo que for necessário para realizar teu maior desejo e acabarás por conseguir. Não sejas mais homem senão para outrem, renuncia a sê-lo para ti mesmo! Para ti não há mais felicidade a não ser em ti, por tua arte. Oh Deus, dá-me a força de me vencer! Daqui por diante nada mais deve me prender à vida. Sendo assim, tudo está acabado com A.[1]

"A"? Como não pensar em Antonie Brentano? Todos os seus sonhos de felicidade caíram por terra. "A fonte secou", ele escreve ainda. Inclusive a fonte musical?

Ele se deixa abater. No verão de 1813, em Baden, onde passa uma temporada, parece mais um mendigo do que um grande músico em férias.

Durante esse ano, porém, compõe uma obra que vai dar o que falar, em todos os sentidos da expressão: *A Batalha de Vittoria* ou *A Vitória de Wellington*. O mínimo que se pode dizer é que essa "sinfonia em dois movimentos" causa perplexidade. O próprio Beethoven dirá a respeito dela: "É uma estupidez". Espíritos maldosos, com os quais evidentemente não nos alinhamos, qualificam-na como música de surdo.

Trata-se de uma encomenda de Johann-Nepomuk Maelzel, espécie de inventor instalado em Viena, titular do cargo de mecânico da corte. Ele fabricou cornetas acústicas para o grande surdo, inventou o metrônomo e um certo número de instrumentos bizarros, como o "panarmonicon", convencendo Beethoven a utilizá-lo numa obra "patriótica". Inclusive lhe sopra o plano da obra, o que o fará atribuir-se o mérito dela, levando Beethoven a lhe mover um processo que se esvaziará espontaneamente com a partida de Maelzel para a América. Aliás, as possibilidades modestas do instrumento obrigam Beethoven a orquestrar toda a obra.

A Batalha de Vittoria é um naufrágio estético, uma gigantesca farsa, uma "piada musical" que arremeda grotescamente seu próprio estilo heroico para terminar com o *God Save the Queen*! Em todo caso, uma composição que marca uma formidável regressão, a exemplo de outras obras dessa época como *Germania* (WoO 94) ou *O Glorioso Momento*. Em 8 de dezembro de 1813, dia do concerto, imita-se a Batalha de Vittoria com desfile de tropas na sala e ruídos de canhão. Essa cacofonia insensata é apresentada no mesmo dia da *Sétima Sinfonia*... e obtém um sucesso igual, quando não superior. É verdade que a atmosfera patriótica carregada que reina em Viena pôde cegar, ou ensurdecer, um público que sabe que a vitória de Wellington em Vittoria constitui para Napoleão o começo do fim. Além disso, o concerto prima pelo pitoresco: Salieri e Hummel estão no canhão, Meyerbeer no bumbo, e Beethoven no púlpito de regente, onde não ouve nada exceto o bumbo.

Isso não impede que *A Batalha de Vittoria* seja tocada novamente nos dias 12 de dezembro, 2 de fevereiro e 27 de fevereiro, quando Beethoven também apresenta sua *Oitava Sinfonia*. Essa *Batalha* é mesmo a obra que lhe terá rendido mais dinheiro.

Em abril de 1814, para voltar a coisas sérias, ele mesmo senta-se ao piano para a estreia do trio *Ao Arquiduque*, durante um sarau organizado pelo violinista Schuppanzigh. E nesse mesmo período, sucesso chamando sucesso, solicitam para ele uma reprise de *Fidelio* no teatro da Caríntia. Sabemos que Beethoven nunca aceitou o fracasso de 1805. Ele concorda, mas exige refazer a obra: poucos artistas podem se orgulhar de ter direito assim a uma chance de recuperação após um fracasso estrondoso. Mas essa obstinação valeu a pena: novo libreto, escrito por Friedrich Treischke, regente da Ópera imperial, música vastamente modificada. E, em 23 de maio de 1814, o triunfo, ao preço de muitas mudanças: nova abertura, supressão de duos e trios e, sobretudo, introdução do grande coro final que confere à obra uma dimensão de fato grandiosa, como se a *Nona Sinfonia* já se anunciasse...

Isso quer dizer que tudo vai bem? Novos sucessos, ganho – enfim! – com trabalhos anteriores ou mesmo antigos. Mas as aparências enganam. A crise está longe de ter terminado. No começo de 1814, um veredicto médico inapelável o arrasou: "Decisão dos médicos sobre minha vida", diz seu diário. "Se não há mais salvação, devo fazer uso de ***?"[2] Apesar das palavras riscadas por um copista imbecil, a frase é clara: ele pensa no suicídio. Não é a primeira vez. De que mal "incurável" é acometido? Mistério. Novo ataque da sífilis? Maynard Solomon propõe essa hipótese que, na falta de provas irrefutáveis, contém alguns sólidos indícios. Durante todo o ano de 1813, após seus fiascos amorosos, Beethoven manteve com seu amigo Zmeskall uma correspondência explícita para quem sabe lê-la, na qual se fala do relacionamento com prostitutas. Ele as chama de "fortalezas", ou "fortalezas arruinadas" que "já receberam muitos tiros de canhão". Em palavras pouco veladas, os dois amigos trocam informações sobre esses "lugares sórdidos". "A hora que prefiro acima de tudo é a tarde, por volta das três e meia ou quatro horas"[3], escreve Beethoven. No seu diário ele confessa o desgosto que acabam por lhe inspirar esses folguedos da carne: "Sem a união das almas, o gozo dos sentidos é e continua sendo um ato bestial".[4]

Seja como for, essa crise aguda dissipa-se aos poucos com a ajuda do sucesso. Beethoven faz parte desses homens que o trabalho mantém de pé e que pensam estar no mundo para realizar uma tarefa eminente: "Há muito a fazer na terra. Faça depressa!"[5], ele escreve no *Diário* em 1814. E depois o outono lhe reserva um "momento glorioso"[6], como escreve Schindler, e desta vez não há razões para duvidar dele: Beethoven está no auge de sua carreira no plano do reconhecimento público e mundano.

Ele é agora reconhecido em música como o principal contemporâneo. O momento lhe é favorável. Suas ideias políticas e suas amizades com os "liberais" ainda o tornam suspeito, mas os acontecimentos parecem lhe dar razão: Beethoven é considerado um patriota e o representante ideal da alma alemã, e é como tal que é saudado nas ruas.

É nessa conjuntura que entra em sua vida, por intermédio do violinista Schuppanzigh, esse jovem que desempenhará um dos papéis mais contestáveis na herança beethoveniana:

o famoso Anton Schindler, já mencionado, notável exemplo de apropriação, quando não de vampirização, de uma obra e de uma vida, como encontramos às vezes na órbita dos maiores gênios.

É também o momento do congresso de Viena, organizado com maestria por Metternich, "sombra" do Imperador. Depois das travessuras de Napoleão, é tempo de redesenhar os contornos da Europa e sobretudo de recolocar no lugar a ordem antiga. A História com frequência tem dessas farsas. O Beethoven que honram nessa ocasião, que convidam nos meios aristocráticos como músico oficial, transformado em artista herói do patriotismo austríaco, é o autor de *A Batalha de Vittoria*. Ele sabe disso e resmunga. É um pouco como se louvassem o gênio de Fellini por causa de uma publicidade para massas, que supostamente realizou. Que impostura! Em 25 de janeiro de 1815, porém, ele dá um concerto diante de imperadores e reis reunidos para escutá-lo religiosamente. Seu último concerto como pianista.

Como não perder a cabeça diante de tanta devoção? Permanecendo ele mesmo. Essa reunião de príncipes, reis e imperadores o deixa frio, de mármore. Não se dá sequer o trabalho de fingir. O arquiduque Rodolfo chegará até a lhe encomendar uma música de carrossel, o que lhe arranca algumas zombarias e uma resposta áspera. Já é tempo de acabar com essa comédia.

O congresso de Viena marca uma verdadeira virada na sua obra e na sua vida. Ele conheceu a glória: sabe que ela é falaciosa, baseada em mal-entendidos e más razões que ferem seu ser íntimo. O Beethoven que adulam, do qual fazem o estandarte da renovação patriótica, não é ele, nada tem a ver com ele. Há somente um Beethoven.

Karl

1815. Após o sucesso, a solidão. Enquanto o congresso de Viena prossegue até junho sob a direção implacável de Metternich, confrontado ao hábil Talleyrand, que consegue evitar à França a suprema humilhação, e em meio às festas oferecidas pela corte da Áustria, Beethoven se recolhe. É a esse preço que ele poderá se reencontrar, reencontrar sua música, buscar no fundo de si mesmo os recursos que o farão conceber as imponentes obras musicais dos últimos anos e que o consagram realmente como o compositor mais inovador, mais profundo do seu tempo.

Ele vive uma espécie de ascese. Após degustar, no momento oportuno, os frutos duvidosos de uma glória que julga superficial, está como que purgado. A seu amigo Amenda, que lhe manda lembranças de sua distante Curlândia, onde vive casado e com uma série de filhos, ele escreve estas palavras melancólicas e tão reveladoras:

> Penso seguidamente em você, na sua simplicidade patriarcal, e no quanto desejei tantas vezes estar cercado de gente como você. Só que o Destino, para o meu bem e para o dos outros, quer contrariar meus desejos. Posso dizer que vivo mais ou menos sozinho nesta cidade que é a maior da Alemanha, pois devo viver quase afastado de tudo o que amo ou que poderia amar.[1]

A diminuição do ritmo criador se mantém. Ele não faria mais do que dissipar a energia em obras pouco dignas dele? Já há alguns anos vem trabalhando em uns "Cantos escoceses" para atender a uma encomenda do editor Thompson. Alguns não desprovidos de méritos nem beleza, mas é algo que beira o trabalho de sobrevivência. É como um lutador meio zonzo que deve retomar forças antes de prosseguir o combate. Isso vai durar ainda três longos anos. Não de total esterilidade, mas de meditação, de leituras, de renovação espiritual. A idade da sabedoria se aproxima: ele lê textos de filósofos indianos, em particular o *Bhagavad-Gita*. Seu diário contém o vestígio dessas preocupações espirituais:

> Bem-aventurado aquele que, tendo aprendido a triunfar sobre todas as paixões, põe sua energia no cumprimento das tarefas que a vida impõe sem pensar no resultado. O objetivo de todo esforço deve ser a ação e não o que ela produzirá. [...] Busca um refúgio apenas na sabedoria, pois prender-se aos resultados é fonte de infelicidade e de miséria. O verdadeiro sábio não se preocupa com o que é bom ou mau neste mundo.[2]

Ele retomou relações calorosas com a condessa Marie Erdödy. Dedicará a ela a *Quarta* e a *Quinta Sonata para Piano e Violoncelo*. Como cessou a desavença entre eles? A condessa sempre teve a maior afeição pelo incômodo Ludwig. Ela lhe escreveu, apenas isso. E ele responde com exaltação: nunca a esqueceu, seguidamente quis ter notícias de sua saúde frágil. As trocas epistolares dos dois são numerosas nesse ano e em geral traduzem a angústia de Ludwig: ele mesmo não está bem, e seu irmão Karl está muito mal de saúde.

Karl morrerá em 15 de novembro desse ano de 1815, roído pela tuberculose. Num primeiro testamento, ele fazia do irmão o tutor do seu filho Karl, um pequeno de nove anos de idade. Na véspera da morte, faz um adendo estipulando que a tutela deverá ser exercida tanto por sua mulher quanto por Ludwig.

É o início de uma longa disputa judicial, como diríamos hoje, aliás bastante sórdida, que vai durar até 1820!

Karl se casou em 1805 com uma certa Johanna Reiss, de quem o mínimo que se pode dizer é que não conta com a simpatia de Beethoven. Dessa união nasceu um menino em 1806, ao qual foi dado o nome do pai. A esposa se revela pouco recomendável, ao menos segundo os critérios beethovenianos: muito leviana, foi condenada em 1811 a um mês de prisão por conta de um obscuro caso de falsa acusação. Mas não é o único motivo: a "Rainha da Noite", como Ludwig a cognomina em referência à *Flauta Mágica* de Mozart, é, para ele, uma mulher irresponsável, de uma honestidade duvidosa, aventureira, incapaz de educar o filho. E Beethoven se convence tanto mais facilmente disso porque experimenta o impetuoso desejo de ter a criança somente para si.

O desejo de paternidade o atormenta. Os reiterados fracassos de seus projetos de casamento acumularam dentro dele frustrações que se transformam em obsessões. Ele vê em Karl, o sobrinho, o filho que não teve. E, para obter sua tutela, vai se mostrar literalmente alucinado, chegando a acusar a cunhada de ter envenenado o irmão.

Pobre Karl. Sua única infelicidade (ou sua sorte?) é não ser o filho de Ludwig, mas do irmão dele e de uma mãe sem grandes qualidades, capaz de "se oferecer por vinte florins"[3], como insinuava maldosamente o compositor, o que sem dúvida é um exagero. Por muito tempo a posteridade fez de Karl um vagabundo, um imbecil. Julgamento um pouco apressado: Karl é apenas uma criança comum, no início um bom menino, depois um adolescente com comportamentos próprios da idade. Aliás, ele fará estudos proveitosos, embora sem brilho, e terá uma vida, ao que parece, razoavelmente feliz, depois que o tio tiver desaparecido...

Beethoven tem 45 anos. Mesmo já consumido pela doença, cada vez mais surdo e se entregando a excessos (busca um remédio a seus males nas tavernas), é ainda um homem jovem. Em Karl ele concentra seu desejo devorador de amor paterno, seus projetos de educador frustrado, influenciados pelas leituras de Jean-Jacques Rousseau. E nada o detém: descrédito sistemático da mãe, difamação, insultos, oposição a que Johanna possa ver o filho. Ele não está completamente maduro para a ataraxia pregada pelos sábios orientais.

Obtém a tutela em 9 de janeiro de 1816, após uma batalha judicial na qual ele não aparece sob sua melhor luz. Mas Johanna não se conforma e contra-ataca. Disso resulta que, de processo em processo, repuxado entre a mãe e o tio, Karl passará uma infância e uma adolescência bastante miseráveis, em todo caso muito agitadas.

Quando fala do que considera como um dever sagrado, Beethoven abusa do sublime: "Hás de considerar K. como teu próprio filho e negligenciarás todas as misérias e todos os mexericos dentro desse objetivo sagrado. [...] Renuncia às óperas e a todo o resto, escreve apenas para teu órfão, depois encontra uma cabana onde terminar tua miserável vida!".[4]

Em Karl ele espera ao mesmo tempo um filho, uma sustentação e um herdeiro do seu próprio gênio, a ponto de fazer Czerny lhe dar aulas de piano. É pedir demais a um menino já crescido, cuja educação fora até então negligenciada. Ele o ama à sua maneira, impetuosa, furiosa, tirânica. Ficamos pensando que foi bom ele mesmo não ter tido filhos, pois é grande a distância entre o ideal fantasiado da paternidade e as vicissitudes do cotidiano. Beethoven logo se dá conta de que a presença de um "filho" em casa não é viável: para Karl, isso significará o internato.

Ele escolhe para o garoto, seguindo os conselhos de Karl Bernard, jornalista e novo amigo, o que há de melhor: uma escola particular, o Instituto Giannattasio del Rio. O fato seria apenas anedótico se Cajetano Giannattasio del Rio, seu fundador e diretor, não tivesse duas filhas, Nanni e Fanny. Essa última, a menos bonita das duas irmãs, deixou sobre Beethoven, cuja música ela adora, lembranças e um diário de grande precisão. Menos lírica do que Bettina Brentano, menos "mulher de letras" inclinada aos efeitos de estilo e aos arrebatamentos românticos, ela mostra um Beethoven no dia a dia, que frequenta o círculo da família Del Rio, e nada esconde de suas manias, de seu humor às vezes massacrante, de seu temperamento levado a todos os excessos:

> Era preciso colocar-se muito perto do seu ouvido para se fazer compreender por ele, e lembro que várias vezes fiquei embaraçada com sua cabeleira cinzenta que caía sobre as orelhas. Aliás, ele mesmo costumava dizer: "Preciso que alguém me corte os cabelos". À primeira vista estes pareciam rígidos e desgrenhados, mas eram muito finos e, quando ele passava a mão por cima, ficavam levantados de uma forma

> cômica. – Um dia, ao chegar, quando tirou o casaco, vimos um buraco no cotovelo da blusa: ele percebeu e quis vestir de novo o casaco, depois falou, rindo, enquanto terminava de tirá-lo: "Já que agora vocês viram!!!". [...]
> Tanto nos momentos de doçura quanto nos de tristeza, que alarmavam seus melhores amigos, pelo menos por um tempo, ele tinha com frequência oscilações de humor cuja causa não se podia compreender de imediato. Assim, após voltar a nos ver, e quando vimos, por sua frieza, que algo que acontecera podia tê-lo magoado, minha irmã lhe perguntou se ainda gostava de nós: "Dou muito pouca importância a mim mesmo para isso". [...]
> Estava quase todas as noites em nosso círculo familiar. Infelizmente as noites interessantes eram raras, pois ele parecia em geral um Pégaso subjugado. O processo da tutela o deixava de mau humor, quase doente. Então, durante todo o tempo, ficava sentado à mesa redonda, junto a nós, aparentemente mergulhado em pensamentos, lançando às vezes uma frase com um sorriso, cuspindo a toda hora no lenço e olhando-o cada vez mais, e acreditei por muito tempo que ele temia encontrar sangue ali.[5]

Nanni, a outra irmã, está noiva. Claro, é a ela que Beethoven reserva seus galanteios. Mas é Fanny quem se apaixona por ele. Certamente num mau momento, pois Beethoven, entregue à obsessão da tutela, não parece muito interessado nas mulheres.

> 2 de março de 1816. O que se passa comigo? E, se lanço esse grito, será por causa do que Nanni me disse há pouco? Será que ele já ocupa tanto lugar no meu espírito, mesmo no meu coração, para que esta simples frase, "Não vá se apaixonar por ele!", dita por gracejo, baste para me perturbar e quase me ferir? Pobre Fanny! A sorte não te é muito favorável. [...] E, se cada vez mais ele fizer parte do nosso círculo familiar, é inevitável que eu me afeiçoe, me afeiçoe infinitamente por ele.[...]
> 17 de março. Ontem Beethoven passou a noite em nossa casa. Hoje à tarde bateram à porta. Era Beethoven. Ele disse: "Trago a vocês as primícias da primavera" e, esboçando um pulo, nos apresentou um buquê de violetas.[6]

Na verdade, Beethoven não está bem. As cólicas o torturam. Ele permanece acamado uma parte da primavera de 1816. Pensa na morte, se esforça por se familiarizar com ela, considerando como um "mau homem aquele que não sabe morrer"[7]; apenas a presença de Karl, diz ele, ainda o retém na terra. No entanto, ele não abandonou de modo algum suas ambições criadoras: "Coisas muito diferentes se esboçam no meu espírito".[8]

Apenas se esboçam: um projeto de missa, que se tornará a monumental *Missa Solemnis*, com novas sonatas. Mas, ao contrário do que pensam alguns espíritos perdidos, o sofrimento, o mal-estar, as preocupações com o dinheiro e a vida doméstica não são muito propícios à atividade criadora.

Ao se encarregar do sobrinho, Beethoven atou aos pés uma pesada bola de ferro. Seu desejo de paternidade, assim como as tentativas de casamento, se deve a uma construção fantasmática e a uma patologia bastante nítida: ele busca criar circunstâncias calamitosas, reconhece todos os males nessa realidade decepcionante, para se refugiar na única verdade que conta, a música. É certo que, através do sobrinho, Beethoven recompôs seu romance familiar. Ele, que "salvou" Karl das garras de uma megera, sua mãe, é agora "o pai real, natural, do filho do [seu] falecido irmão".[9] Em Johanna, que certamente não é o monstro que ele constrói na sua imaginação perturbada (uma mulher um pouco extravagante, é verdade, mas não sem encantos, de temperamento livre e dotada de um certo bom senso), Beethoven vê *a* mulher, maléfica, ao mesmo tempo feiticeira e objeto de desprezo, talvez por ele não aceitar, como Onã, o desejo que ela lhe inspira. Pois uma obstinação dessas é suspeita, provém do ninho de neuroses familiar. O "pai natural" (!!!) sonha que fecundou a mãe? Farsantes, autores de um filme bastante lamentável, *Minha amada imortal* (Beethoven nunca teve muita sorte com os cineastas), fizeram com que Johanna ressurgisse para fazer dela essa misteriosa desconhecida, o que é grotesco. Outros, mais prudentes, partindo da premissa de que o ódio é o amor contrariado, atribuem a Beethoven sentimentos amorosos, ou um desejo sexual, em relação à cunhada. É verdade que, durante todos esses anos, a atitude dele é pelo menos estranha. Nos primeiros tempos ele não rompe o contato. Inclusive organiza encontros com Johanna, em companhia de Karl, sempre na presença de um terceiro. Eles conseguem chegar a um acordo financeiro, com Johanna aceitando destinar metade da pensão de viúva à educação de Karl, o que não faz dela uma mãe tão má... Mas em 1817 ele volta a se enfurecer contra ela, julgando-se traído por palavras ditas a Del Rio. No ano seguinte, após uma aparente reconciliação, explode de novo porque Karl encontrou-se com a mãe às escondidas. Sentimento de traição, crise aguda de paranoia: começam a tomá-lo seriamente por louco, o que é compreensível. E também não se pode julgar anormal a decisão de Johanna, em 1818, de mover um processo para recuperar o filho.

Beethoven seria pelo menos um "bom pai" para o sobrinho? Podemos duvidar. Ele é incoerente, violento, excessivo. Encoraja Giannattasio del Rio a bater em Karl, se necessário, porque "no tempo em que o pai vivia, ele só costumava obedecer quando apanhava".[10] É toda a infância de Ludwig que ressurge, com as brutalidades de Johann, seu próprio pai. Ele passa da execração ao amor desmedido. Pensa até em enviar Karl a uma outra cidade, onde "não verá nem ouvirá mais nada de sua mãe bestial".[11] Mais tarde, no seu delírio, chegará a imaginar relações incestuosas entre Karl e Johanna. Com certa perversidade, ele sabe jogar com o sentimento de culpa: "E, quando te sentes *culpado* em relação a *mim*, não podes ser um homem bom, é como se te revoltasses contra teu pai".[12]

Fanny del Rio está apaixonada, mas ele mal olha para ela e a apelida de "sra. Abadessa", o que a magoa. O pai de Fanny, numa temporada de verão em Baden, em 1816, para a qual Beethoven foi convidado a acompanhá-lo, o aconselha a casar-se com uma mulher doce, amorosa e devotada, deixando claro o subentendido. Ludwig recusa a proposta, falando da mulher que ele ama há cinco anos sem esperança. Teria sido pensando nela que escreveu o ciclo dos *lieder* "À Bem-Amada distante", sobre poemas de Aloys Jeitelles? Essa obra lírica, intimista, é tão pessoal que ele nunca a menciona diante de seus amigos Del Rio durante o tempo da composição: versos cantam a dor da ausência, o desejo do reencontro, a certeza de que somente a arte pode aproximar os amantes. O ciclo é dedicado ao príncipe Lobkowitz, que perdeu a esposa e não se conforma.

Apesar de compor muito pouco, ele não está totalmente inativo. Continua pensando em partir para a Inglaterra, onde Haydn obteve grande sucesso, mas as disputas do caso Karl, entre outras coisas, vão mais uma vez barrar o projeto. Considera também, com o editor Steiner, uma publicação das suas obras completas. Algo como o balanço de uma vida. Aliás, é lamentável que esse projeto não tenha se realizado: Beethoven concebia sua obra como uma estrutura coerente, uma totalidade a recompor dentro de uma orientação estética global, como fez Balzac com sua *Comédia humana*.

Na realidade, ele está muito confuso. Doente, debilitado, incapaz de assumir sua "paternidade" e os detalhes materiais do cotidiano, pede auxílio a Nanette Streicher, uma mulher que conhece desde os dezessete anos: é a filha do fabricante de pianos de Augsburg, Johann Andreas Stein, ela mesma pianista e compositora, que levou adiante o negócio paterno com o marido. Mais uma fada madrinha na sua vida, como uma mãe para ele que gostaria tanto de ser pai. Ela atende seu apelo e comparece, a tempo, para conduzir esse "barco à deriva" que é a casa de Beethoven, pondo em ordem a vida doméstica e, provavelmente, também as contas, pois o artista sem dúvida não sabe lidar com a realidade e gasta muito. Karl lhe custa caro e ele não é um virtuose da administração do lar: sabe apenas compor obras-primas.

Ele confessa a Nanette Streicher seus temores: está mal assessorado, os empregados estão em conluio com Johanna (que agora se disfarça de homem para ir ver o filho no internato) e o roubam. Além disso fazem fofoca, insinuando que Ludwig e Nanette teriam um caso amoroso. Assim essa relação forte e única cessará quase por completo no começo do verão de 1818, manchada pela pressão social e pelos mexericos.

No começo do ano, ele retirou Karl do Instituto Del Rio para educá-lo em casa. "O que é uma instituição, comparada à solicitude atenta de um pai por seu filho?"[13], ele escreve à condessa Erdödy. Ei-lo educador em tempo integral. Às vezes se enternece com as delícias da vida em família, em outros momentos sonha despachar Karl para longe de Viena. "Não há bom pai, é a regra – escrevia Sartre em *As palavras*. – Fazer filhos, nada mais fácil. *Tê-los*, que iniquidade!"[14]

As coisas pioram em setembro de 1818. Johanna pede ao Landrecht, o tribunal da nobreza, para retirar de Beethoven a tutela de Karl. Começa uma lamentável batalha judicial na qual Ludwig e Johanna vão se entredevorar. O tribunal começa por rejeitar o pedido da mãe. Em dezembro, Karl foge para a casa dela. A polícia vai buscá-lo e o coloca no Instituto Giannattasio. O caso é levado ao tribunal. O habilidoso advogado de Johanna apresenta seus argumentos: a surdez do tio, seus caprichos de excêntrico, sua vida desregrada, o fato de ele impedir Karl de ver a mãe, os maus-tratos... Karl depõe: apesar da vontade da mãe, ele não quis voltar para junto do tio por medo de ser maltratado. Diante do juiz, abalado, Beethoven se defende sem habilidade nem firmeza. Lança até um argumento insensato: seu projeto de colocar Karl no Theresianum, uma escola reservada aos nobres. Beethoven, nobre? Claro, pois tem no nome a partícula *van* (que é frequente na Holanda)... Em suma, ele é incapaz de provar sua nobreza: assim a questão da tutela é remetida ao tribunal civil, que se encarrega dos "cidadãos comuns".

Isso o deixa arrasado, humilhado: ele, que se sente nobre, um cidadão comum! A velha história de que seria filho natural do rei da Prússia ressurge no seu espírito: ele sempre se recusará a desmenti-la. Seja como for, ele é nobre por sua obra. Como poderia não ser? E, ao adotar Karl, elevou-o à condição da nobreza: "Através de mim, meu sobrinho viu-se elevado a um nível social superior. Nem ele nem eu estamos sujeitos à magistratura comum. Apenas donos de hospedaria, sapateiros, alfaiates dependem desse tipo de jurisdição".[15]

Democrata, progressista, plebeu e imaginando-se nobre (para as necessidades da causa, é verdade): ele não é o primeiro nem o último a manifestar essa contradição.

Mas o tribunal tem outro parecer: em 26 de março de 1819, a tutela de Karl lhe é retirada. O juiz inclusive nega, apesar da intervenção de Antonie Brentano, que o rapaz seja enviado à Baviera, à Universidade de Landshut. Karl ficará por quatro anos num internato em Viena.

Beethoven só terá sido "pai" por um curto período. Isso o deixa possesso. Furioso, revoltado, ele passa do amor louco ao ódio em relação a Karl. "É um inútil"[16], escreve a seu amigo Bernard. "É um monstro!"[17] "Meu amor por ele acabou. Ele precisava do meu amor. Eu não preciso do dele."[18] Em outros momentos, continua a "amá-lo como antes"[19] e "chora seguidamente por ele".[20]

Finalmente, em 17 de setembro de 1819, a tutela é confiada a Johanna, tendo por cotutor um funcionário municipal, "homem honesto e capaz".[21] Poderia ser o fim do caso, mas Beethoven não desiste. Gostaria de raptar Karl, renuncia a isso e se lança na redação de um memorial de 48 páginas cuja leitura é consternadora por vir de quem vem: difamação, insistência nas "torpezas" de Johanna e em seus erros do passado, autojustificação. Essa "exposição sobre a senhora Beethoven" é um verdadeiro retalho de horrores que mostram um ódio irracional, temperado de um sentimento de perseguição do qual sorriríamos se não fosse o sintoma de uma grande dor: "Eu também sou um ser humano acuado por todos os lados como um animal selvagem, mal compreendido, geralmente tratado da forma mais vil por essa autoridade vulgar; com tantas preocupações e em luta constante contra essa mãe monstruosa que não cessou de querer arrancar tudo o que produzi de bom".[22]

Ele insiste, com a obstinação dos espíritos monomaníacos. Aciona seus conhecidos, em primeiro lugar o arquiduque Rodolfo, para obter uma modificação do julgamento.

A apelação é julgada em 29 de março de 1820, a seu favor. Desta vez, as súplicas de Johanna junto ao imperador não terão efeito.

Na primavera de 1820, como se quisesse esquecer essa luta estafante, ela engravida de um homem, aliás bastante honrado, que reconhecerá a criança – uma filha. Beethoven não deixa de ver aí uma nova prova da sua "imoralidade".

Uma missa para a humanidade

O miserável caso Karl, que contém algumas outras peripécias menores, nos interessaria muito pouco se não correspondesse, em Beethoven, a um tempo de mutação profunda no plano artístico.

Mesmo nesses anos de relativa esterilidade criadora, ele continua sendo a figura dominante da vida musical vienense, e mais do que isso: seu renome se estende agora a toda a Europa. Suas obras são tocadas com regularidade. De 1816 a 1817, dezenas de concertos são testemunhas da importância que ele adquire. Sonatas, sinfonias, aberturas e quartetos são reapresentados com frequência diante de públicos que aceitam suas obras como um todo, ainda que as reações permaneçam desiguais: num concerto de 16 de dezembro de 1816, sua *Sétima Sinfonia* é discretamente aplaudida. Estaria saindo de moda? A frieza das reações sempre provoca em Beethoven respostas ácidas de leão ferido: "A arte já não se eleva tão alto acima do vulgo, já não é tão estimada e sobretudo tão apreciada".[1]

A surdez é agora total. A partir de 1818, nenhum dos aparelhos que ele usa, cornetas acústicas de formas e tamanhos variáveis, tratamentos, curas termais, nada é capaz de se opor a esta evidência: seu sistema auditivo está destruído por completo. O fabricante de pianos Streicher, marido de Nanette, lhe constrói uma dupla campânula adaptável ao piano para aumentar o volume sonoro do instrumento: em vão. Ele não se comunicará mais com o mundo exterior senão por intermédio dos seus *Cadernos de conversação*.

Essa deficiência naturalmente contribuiu muito para aumentar seu mito, sua figura romântica de mártir da arte. Seu estado lhe impede de se apresentar em público como pianista e mesmo como regente, pois está sempre adiantado ou atrasado alguns compassos em relação à orquestra, o que pode produzir o efeito tragicômico de um fantoche que continua a gesticular de modo frenético (sua técnica de regência é bastante demonstrativa) enquanto a música já silenciou. Em 1822, o ensaio geral de uma reprise de *Fidelio*, que Beethoven fez questão de reger, não dá certo: para seu grande desespero, ele teve de renunciar, segundo Schindler, testemunha do drama.

Mas no seu caso a surdez em nada impede o trabalho de composição. A música é para Beethoven o que a pintura é para Leonardo da Vinci: *una cosa mentale*. Construções prodigiosas que ele não tem mais necessidade de ouvir nascem no seu espírito. Tal é a força de um pensamento que se confunde por inteiro com um universo cuja realidade sonora, se lhe falta cruelmente, não é indispensável: é no momento em que a surdez se torna total que nascem suas obras mais profundas.

No fundo da solidão, ele sente a necessidade de voltar aos valores fundamentais da sua arte: retorna ao estudo, à leitura dos mestres, sobretudo Bach e Haendel. Em Bach encontra lições de forma, em particular a da fuga, que ele negligenciara um pouco até então, mas cujas maravilhosas possibilidades estão longe de ter se esgotado, como provarão suas últimas obras.

Sua vida íntima é um fracasso: não se casará, nunca terá um filho seu, o pobre Karl sendo apenas, para o infortúnio dele, um substituto fantasmático. Sua vida pública está terminada: a surdez o impede de se apresentar e de manter relações "normais" com os contemporâneos. O que lhe resta? Reinventar a música, abrir caminhos inexplorados. Isso por certo explica, em parte, a rarefação da sua produção: o que ele sabe fazer com virtuosismo a partir de moldes aceitos, inclusive inventados por ele mesmo, o que ele realizou fazendo a síntese de diversas influências que transcendeu amplamente, tudo isso não o interessa mais. "Ao fundo do desconhecido para encontrar o novo"[2], escreverá Baudelaire trinta anos mais tarde.

A metamorfose se prepara com lentidão. É na música de câmara, nas sonatas para piano e nos quartetos que o "último Beethoven" concebe as realizações mais desconcertantes, as construções mais visionárias. Sentimos os primeiros sinais disso na *Vigésima oitava Sonata* op. 101, na qual ele trabalhou durante dezoito meses, duração que lhe é inteiramente inabitual: trata-se de efetuar a difícil fusão entre a renovação de um gênero musical e a herança de Bach: escrita contrapontística (sua obsessão, sua ideia fixa, seu obstáculo, que acabará por vencer de maneira soberana...), simplicidade dos motivos que se desenvolvem em combinações cada vez mais complexas. Pela primeira vez ele emprega, a propósito dessa sonata, o termo *Hammerklavier*: por essa palavra alemã quer marcar que não se trata mais de uma obra para o *pianoforte* clássico, mas que a concebeu pensando nas novas possibilidades do instrumento. A vida inteira Beethoven foi um apaixonado pelas técnicas de fabricação. Muito cedo, já foi dito, ele martirizava o *pianoforte*, tocado em geral como um cravo. E é em alemão, para essa *Vigésima oitava Sonata* op. 101, que ele dá indicações de interpretação.

A sonata seguinte, a *Vigésima nona* op. 106, já traz claramente o subtítulo de "*Grosse Sonate für Hammerklavier*". Com certeza não é a mais popular de Beethoven, mas é sem dúvida a mais mítica ao lado da *Trigésima segunda* – e o terror dos pianistas: monumental, complexa, essa sonata-sinfonia é um ápice da literatura pianística.

Beethoven via nela, no momento da composição, "sua maior obra". Depois de terminá-la, declarou a um amigo: "Agora sei escrever".[3] É como uma ressurreição, após um longo período de incerteza. Ele a compõe basicamente durante o verão de 1818, em Mödling, numa daquelas paisagens agrestes que tanto ama.

Em Mödling, aliás, vive um padre com quem Beethoven vai se indispor e que testemunhará contra ele no processo Karl. Durante essa temporada estival, confiou o sobrinho a esse eclesiástico cujos talentos de pedagogo lhe foram enaltecidos. Mas o homem é um bruto, e seus métodos educativos se revelam um tanto sádicos. Beethoven logo retira Karl das garras desse cristão pouco caridoso, que por esse motivo lhe guardará rancor.

A sonata *Hammerklavier*, eriçada de dificuldades, é intocável por pianistas de nível médio. "Ela é", escreve Charles Rosen, "uma ponta extrema do seu estilo. Nunca mais ele escreverá uma obra com tamanha obsessão de concentrar. [...] trata-se de uma tentativa deliberada de criar uma obra nova e original de uma grandeza sem concessões."[4]

Beethoven sabe que transpôs um limite, que escreve uma obra para o futuro: "Eis aí uma sonata que dará trabalho aos pianistas quando a tocarem dentro de cinquenta anos"[5], ele diz ao editor Artaria. E a Ries, que deve publicar a sonata na Inglaterra, pede quase desculpas pela dificuldade da obra. Que ele não hesite em publicar os movimentos separadamente, se lhe aprouver: "A sonata foi criada em condições materiais difíceis, pois é duro compor quase que apenas para ganhar o pão, e é *tudo* o que pude realizar".[6] Claro, ele mascara suas verdadeiras intenções, como que assustado por sua audácia. Há que escutar a grande fuga do quarto movimento, simples no motivo, mas com incrível complexidade nos desenvolvimentos: como pôde tal música ser ouvida por ouvintes de 1820? Resposta: ela não foi ouvida, a não ser privadamente. Pianistas como Czerny ou Ries, atemorizados por sua dificuldade, renunciam a tocá-la em público. Nanette Streicher se esforça por dominá-las, mas, ao cabo de três meses, só consegue tocar o primeiro movimento. Será preciso esperar até 1836 para que Franz Liszt, único capaz de enfrentar o monstro e subjugá-lo, apresente a obra em Paris.

Há romances para romancistas, assim como há músicas para músicos. Ainda hoje a sonata *Hammerklavier* desconcerta. Mas se nos dermos o privilégio, facilmente acessível, de penetrar suas belezas vertiginosas, em particular a profundidade recolhida do adágio, teremos uma ideia do que pode ser um absoluto da música, a exemplo das *Variações Goldberg* de Bach ou da *Sonata em si menor* de Liszt: sensível e desembaraçada de todo sentimentalismo, busca apaixonada da forma ideal, com beleza e emoção.

A partir de 1819, portanto, Beethoven se comunica com o auxílio de seus famosos *Cadernos de conversação*. Estranhos documentos. São seus interlocutores que escrevem, já que ele não ouve nada. E ele parece responder com uma voz tão forte e frases tão tonitruantes que lhe suplicam com frequência a baixar o tom: a polícia de Metternich está à escuta, os espiões do imperador circulam por Viena, e as opiniões de Beethoven e seus amigos não estão muito de acordo com o regime. Até mesmo lhe predizem que acabará no cadafalso se continuar manifestando-se dessa forma em palavras subversivas.

Teria sido por isso que Schindler, seu factótum até 1824 (Beethoven, exasperado com suas maneiras possessivas e suas pretensões, acabará por despedi-lo), só conservou 139 desses cadernos dos 400 que recuperou à morte do músico, antes de usá-los amplamente no sentido que desejava e de vendê-los ao rei da Prússia, em 1840, em troca de uma pensão vitalícia? Há por certo outras razões além da prudência política: ciúme, pudicícia (as conversas de Beethoven com os amigos tomavam às vezes um rumo escabroso), vontade de falsificar a imagem do músico num sentido hagiográfico. No entanto Schindler não destruiu tudo, e as conversas de 1820 contêm ecos muito reivindicativos. Beethoven e seus amigos, o jornalista Bernard, Oliva, o advogado Bach que o defendeu durante o processo Karl, trocam frases fulminantes contra Metternich, contra a Sagrada Aliança e até contra o arquiduque Rodolfo, qualificado por Oliva de "zero à esquerda", embora Beethoven o poupe. Ao evocarem a estupidez do regime e a mesquinharia do imperador, que agrava para seu prazer penas judiciárias já pronunciadas, os amigos chegam a lamentar o fracasso de Napoleão, esse grande homem ligado aos direitos dos povos e aos ideais da Revolução. *Sic transit...**

O arquiduque Rodolfo, justamente, deve ser consagrado arcebispo de Olmütz, em março de 1820. Beethoven vê aí uma oportunidade de, enfim, conseguir uma nomeação de mestre de capela. E propõe ao arquiduque, já em março de 1819, compor

---

* *Sic transit gloria mundi*, expressão latina que significa: as coisas mundanas são passageiras. (N.T.)

uma missa para a cerimônia. Ele pensa que pode realizar a tarefa em poucos meses: precisará de quatro anos de trabalho árduo para completar essa *Missa Solemnis*.

A ideia de escrever uma nova missa há muito o persegue – desde a leitura de um artigo de E. T. A. Hoffmann, de 1814, invocando a necessidade de um renascimento da música sagrada: não cerimonial litúrgico, mas linguagem espiritual, hino ao Criador que vai muito além do discurso religioso. A religião, fenômeno histórico e social, não é mais a única instância capaz de assumir a dimensão espiritual do homem, longe disso. E a *Missa Solemnis*, sem dúvida a obra mais imponente no gênero com a *Missa em si menor* de Bach, por certo não é apenas mais uma missa a serviço da instituição católica, pela qual ele tem sentimentos dúbios e frouxos. Beethoven quer ressaltar um ideal espiritual essencialmente humano: a humanidade que chega a um alto grau de espiritualidade encontra ela mesma o caminho da salvação. O autor de *As Criaturas de Prometeu* não concebe sociedade humana aceitável que não tenha atingido essa liberdade espiritual – e política – a que ele aspira.

Beethoven, que "papai Haydn" acusava complacentemente de ateísmo, é no plano religioso um verdadeiro filho das Luzes. Nascido católico, permanece cristão, mas de um cristianismo não muito conformista. Por pouco mesmo não teria sido preso num café, em 1819, por ter clamado em voz alta que o Cristo, afinal, era apenas um "judeu crucificado". Ele é deísta, ou seja, crê num Criador, numa transcendência. Sua fé é sincrética e nela se misturam outras influências. O dogma católico e sua estrita observância lhe são indiferentes. Acima da sua mesa de trabalho, leem-se estas inscrições do templo da deusa Neit em Saís, que ele copiou à mão: "Sou o que é"; "Sou tudo o que é, que foi e que será; nenhum mortal levantou o véu que me cobre"; "Ele é o único de si mesmo e todas as coisas lhe devem sua existência".

Esse deus voltairiano, incognoscível, imaterial, ele venera à sua maneira: "Oh, Deus, dá-me a força de me vencer!"[7], escreveu em 1812. E, nos momentos de aflição, invoca com frequência Seu auxílio e Seu perdão.

Na *Missa Solemnis* Beethoven segue com cuidado o texto litúrgico. Inclusive mandou traduzi-lo em alemão para ter certeza de não negligenciar nenhuma palavra. Tudo está na maneira de tratar o texto: falando do *Credo*, Romain Rolland observa "o fato paradoxal de que Bach, que era protestante, copiosamente celebrou, numa ária de baixo, com vocalises floridos, 'a Santa Igreja católica e apostólica', enquanto o católico Beethoven estranhamente desembaraçou-se disso, num cochicho precipitado do único tenor, entre o conjunto das vozes que não dizem nada".[8]

Seria a *Missa Solemnis* uma obra religiosa, mística? A bem dizer, sua espiritualidade é uma forma transcendida de humanismo: é mais uma missa para a humanidade do que para Deus – em todo caso, não se trata de uma obra de propaganda para a Igreja católica, dentro da qual Beethoven jamais teria alcançado esse universalismo, essa profundidade. Daí também o embaraço que ela suscita entre os maiores regentes de orquestra: ressaltar demais seus aspectos barrocos é diminuí-la; fazer dela uma obra religiosa é apagar sua dimensão profana – a fé que ela exprime não é redutível a categoria alguma.

No plano da composição, essa missa é fruto de longos estudos realizados nas bibliotecas do príncipe Lobkowitz e do arquiduque Rodolfo, em busca de partituras antigas e de livros sobre a liturgia. Beethoven estuda as obras consagradas de Palestrina, de Haendel, de Bach. O exemplo da *Messie* de Haendel o leva a considerar sua própria missa mais como um oratório do que como uma obra litúrgica. É o que observa Élisabeth Brisson: "Ele não se colocava mais como humilde servidor do culto católico, mas como criador cuja missão era fazer os homens experimentarem a transcendência".[9] Prometeu, mais uma vez...

Essas pesquisas, essa elaboração minuciosa e difícil para uma obra que ele quer que seja o ápice da sua arte e a síntese de todas as músicas religiosas anteriores, explicam em boa parte porque a *Missa Solemnis* é uma "mistura de estilos arcaicos e modernos, mais profundamente enraizada em tradições antigas do que toda a obra de Beethoven, no entanto com a grandeza e o impulso dinâmico de um estilo sinfônico oriundo da sonata".[10]

Em março de 1820, a missa não está pronta. A lei imperiosa da obra não se coaduna com as obrigações oficiais: o arquiduque Rodolfo ficará sem a *Missa Solemnis*. Beethoven só vai terminá-la no final de 1822. O que fazer com essa obra imponente? Ele pensa em propor uma subscrição a diferentes soberanos europeus. Escreve a eles, apresentando sua missa como "o mais bem-sucedido dos trabalhos do seu espírito".[11] Busca também vendê-la a vários editores, tem uma desavença séria com Franz Brentano, que lhe adiantou dinheiro em função de uma promessa de contrato que ele recusa-se a cumprir. Sugere até que a missa pode ser executada como um grande oratório por ocasião de um concerto profano. A proposta é mais do que audaciosa: provocadora. Na Viena imperial é proibido tocar missas fora das igrejas. Para contornar a proibição, ele apresentará trechos da obra (o *Kyrie*, o *Credo*, o *Agnus Dei*) no concerto de 7 de maio de 1824, junto com a *Nona Sinfonia*. E, para evitar problemas com as autoridades, os chamará de "hinos"...

A missa não ocupa inteiramente seu tempo durante todos esses anos. O "último Beethoven"[12], como o chama Rémy Stricker, é também o autor de obras para piano que a data de composição e o fato de serem suas últimas importantes para esse instrumento nos fazem considerar como realizações quase testamentárias.

Após a conclusão, a seu favor, do processo que o opôs tão violentamente à cunhada, ele escreve entre 1820 e 1822 suas três últimas sonatas e prossegue a composição das *33 Variações sobre uma Valsa de Diabelli*.

As três últimas sonatas (op. 109, 110 e 111) formam um conjunto de tal homogeneidade estilística que geralmente são tocadas ou publicadas juntas. Lembro-me de um concerto inesquecível, com a interpretação dessas três sonatas, em Londres, por Maurizio Pollini, que não se contentou em tocar essas sonatas inesgotáveis, ao mesmo tempo de um lirismo arrebatado e de um implacável rigor formal: ele as explicava, a inteligência analítica de seus dedos revelando o mistério delas.

Beethoven trabalha na sonata op. 109 durante o verão de 1820, em Mödling. Sua missa não está terminada, a cerimônia já passou: nada mais o pressiona. Ele se volta para o seu instrumento fetiche, seu refúgio, o companheiro de suas confidências mais íntimas.

Está com icterícia, uma doença que o "desgosta", ele escreve ao arquiduque. Essas afecções hepáticas são os primeiros sinais da cirrose que acabará por matá-lo. O álcool tem a ver com isso. Ele bebe bastante, vinho e cerveja. Nunca mais de uma garrafa por refeição, ele assegura, aliás vinho bom da Hungria aconselhado pelos médicos, que podem ter se enganado: num organismo debilitado, às voltas com cólicas constantes, esse regime é uma lenta destruição. Também gosta de beber cerveja nas tavernas, beliscando arenques defumados e fumando alguns cachimbos. No conjunto, sua dieta alimentar é desastrosa, dados seus problemas digestivos e hepáticos: muita carne de caça, que ele considera como o alimento mais saudável porque o mais natural, queijos, outros tipos de carne... Um lento veneno que prepara os males da gota.

Isso não altera sua inspiração. A *Trigésima Sonata*, mistura de improvisação e de escrita contrapontística, impressiona por uma liberdade cada vez mais afastada das regras clássicas. No ano seguinte ele compõe o *opus* 110, a *Trigésima primeira Sonata* que costuma ser comparada ao *Décimo quinto Quarteto*: obra bastante "autobiográfica", na qual se exprime a luta vitoriosa contra a doença e o aniquilamento, evocação de um drama interior que se resolve em tensões extremas "para realçar a intervenção de uma vontade na origem de um momento (e de um mundo) criado por e para o homem".[13]

Mas é a *Trigésima segunda Sonata em dó menor* op. 111 que reserva o momento mais surpreendente de toda a obra pianística de Beethoven. Elaborada em dois movimentos, segundo um modo de pensamento dualista – ou não conclusivo –, a obra é uma verdadeira *Divina comédia* da qual faltaria o Purgatório: começa por um discurso sombrio e violento como o Inferno, depois há como uma subida aos céus na *arietta*, longo desenvolvimento de variações, forma na qual se exprimem as ideias mais livres, elevadas em êxtase numa meditação: os trinados do segundo movimento, que chega após uma longa passagem ritmada que parece uma improvisação de jazz, elevam o pensamento musical até um fervor quase apaziguado. Como escreve Alfred Cortot, "tudo é esplendor e, no derradeiro fim, esplendor que se perde, se difunde".[14] E Romain Rolland acrescenta: "Uma das palavras mais altas que saíram da boca de Beethoven".[15]

Essa sonata é publicada pela primeira vez em Paris, em 1823, pelo editor Maurice Schlesinger, futuro marido de Élisa Schlesinger, que será o primeiro amor de Gustave Flaubert e o modelo para a sra. Arnoux em *A educação sentimental*. A Europa da cultura está a caminho...

Essa sonata eleva o espírito a culminâncias que honram o gênio humano. Mas a vida real do seu autor continua a tropeçar. No outono de 1821, num café, provavelmente bêbado, ele se exalta, se comporta mal conforme os critérios repressivos da época. É chamada a polícia. Ele berra que é Beethoven, o policial responde: e eu sou o imperador. Passa a noite na prisão, espumando, antes de ser libertado por Herzog, o diretor musical do conservatório de Wiener Neustadt.

Alguns meses mais tarde, em 1822, ele encontra Gioacchino Rossini, de passagem por Viena. O jovem autor (tem trinta anos) de *O Barbeiro de Sevilha* triunfa em toda a Europa. Em 1816, foi literalmente carregado nos ombros na estreia do *Barbeiro*. Sua glória começa mesmo a ofuscar, em Viena, a de Beethoven: uma música brilhante, viva, extraordinariamente dinâmica e inventiva – e um senso inato do teatro –, é o que deseja um público ávido por reencontrar a sensação de prazer e de despreocupação, após um longo período de guerras e de horrores. O próprio Stendhal, o grande escritor apaixonado por música, coloca Rossini acima de tudo (junto com Cimarosa e o espinafre), enquanto se mostra muito reservado, ou até mudo, sobre a música de Beethoven.

O que eles se falaram? Beethoven teria dito palavras amáveis a Rossini, numa conversa encurtada em função das barreiras da língua e da surdez, e teria também o desaconselhado a praticar *opera seria*, pouco adaptada, na sua opinião, ao temperamento e mesmo às competências musicais dos italianos. É claro que ele considera Rossini apenas um simpático músico de entretenimento.

A obra dele, Beethoven, adquire um aspecto cada vez mais austero, com exceção de alguns divertimentos musicais que seu humor vai lhe inspirar até o fim, como o famoso exercício de 1826, *Es muss sein* [É preciso], cujo motivo reaparece, ampliado, no *Décimo sexto Quarteto*.

Por ora, em 1823, ele termina a composição das *Variações Diabelli*, essa outra imponente obra para piano dedicada a Antonie Brentano. Anton Diabelli é um editor de música que de vez em quando compõe; no início de 1819 ele propõe a uns cinquenta compositores, entre os quais Czerny, Schubert, o jovem Liszt, o filho de Mozart, além de Beethoven, escrever variações sobre uma pequena valsa de sua autoria: sua ambição, que não carece de inteligência, é suscitar uma espécie de resumo que sintetize o que se faz em música naquele momento da sua história e publicá-lo. A peça inicial é uma composição graciosa, saltitante e bastante estúpida, um "*Schusterfleck*", diz Beethoven, isto é, uma "peça de sapateiro" fabricada em série. Sobre essa base sem interesse, Beethoven vai se propor um desafio imenso e compor uma suma pianística vertiginosa, a mais longa que jamais escreveu. Essa elaboração dura de 1819 a 1823, prova de que ele lhe dava uma importância considerável, buscando criar um mundo a partir desse nada: mundo complexo, diverso, de uma dificuldade de execução temível (as *Variações Diabelli* só serão tocadas em público em 1856 por Hans von Bülow, aluno de Liszt), que leva à incandescência, na esteira do Bach das *Variações Goldberg*, a arte da variação, princípio primeiro de toda música: é a ferramenta de permanentes metamorfoses nascidas do tema inicial, que Beethoven não deixa de parodiar com humor até a dissolução final, quando se eleva a uma pureza celeste. Com o material mais banal e trivial do mundo, Beethoven mostra que a música é uma arte da transfiguração.

Conhecemos melhor o Beethoven desses anos graças ao testemunho de um escritor com quem ele não simpatiza: Friedrich Rochlitz. Esse romancista e musicólogo foi redator-chefe do *Allgemeine Musikalische Zeitung* e nunca conviveu muito com Beethoven. Mas ele passa uns dias em Döbling, no verão de 1822, e pede para vê-lo:

> Haslinger nos apresentou um ao outro. Beethoven pareceu contente, mas estava perturbado. E, se eu não estivesse preparado para isso, sua visão também me teria perturbado: não pela aparência descuidada, quase selvagem, não pela cabeleira espessa, hirsuta, e outras coisas semelhantes, mas pelo conjunto do seu aspecto. Imagine um homem de uns cinquenta anos, de estatura mais baixa que mediana, mas de compleição vigorosa, robusta, concentrada, sobretudo sólida, mais ou menos como a de Fichte, porém mais cheia, sobretudo o rosto, mais arredondado; tez avermelhada, olhos inquietos, brilhantes, quase penetrantes quando olham fixamente; nenhum movimento brusco; na expressão da fisionomia, em particular do olhar, cheio de vida e de espírito, uma mistura ou uma alternância perpétua de bonomia cordial e de temor; em toda a sua atitude essa tensão, essa inquietação à espreita dos surdos que têm uma sensibilidade muito viva, lançando uma frase alegre e descontraída para logo em seguida recair num silêncio feroz; no entanto, não se pode deixar de pensar diante dele: Eis aí o homem que dá alegria a milhões de homens, apenas alegria – pura, espiritual![16]

Alegria pura é o que ele quer agora oferecer à humanidade inteira, naquela que será sua obra mais grandiosa: a *Nona Sinfonia*.

A *Nona Sinfonia*

No verão de 1822, Beethoven passa uns dias em Teplice, depois em Baden para uma nova cura termal, acompanhado de Anton Schindler, que virou seu factótum. É lá que compõe, com muita rapidez, a abertura de *A Consagração da Casa*, para a reabertura do teatro de Josephstadt – uma obra escrita "à maneira de Haendel", decididamente seu compositor preferido, aquele pelo qual tem uma veneração, tanto por seu rigor de escrita quanto por sua capacidade de elaborar complexas e luminosas retóricas musicais a partir de materiais muito simples.

Em novembro, em Viena, a reprise de *Fidelio* é um grande sucesso. A jovem intérprete do papel de Leonora, Wilhelmina Schroeder, mostra tanto talento teatral e tanta presença em cena que Beethoven se entusiasma. Mas Schindler conta, no tom lacrimoso e grandiloquente que o caracteriza, que essa representação foi, na realidade, um calvário para o compositor: ele mesmo quis reger a orquestra no ensaio geral, quando já é incapaz, pois não ouve nada. Ele retarda a música, os cantores aceleram. É preciso interrompê-lo, explicar-lhe, substituí-lo. Ele deixa o teatro furioso, vai para casa, permanece prostrado por longas horas, desesperado.

> Esse dia fatal de novembro foi o mais doloroso de toda a carreira do pobre mestre, tão duramente testado. Quaisquer que fossem as angústias pelas quais passou, ele nunca havia sido atingido de forma tão dura. Com frequência tive oportunidade de vê-lo visitado pela tristeza, e mais de uma vez o vi se curvar ao peso dos infortúnios; mas sempre, após um momento de prostração, ele reerguia a cabeça e superava a adversidade; desta vez ele fora atingido em suas forças vivas, e até o dia da sua morte viverá sob o impacto dessa cena terrível.[1]

Na noite da representação ele assiste ao espetáculo com um olhar enlouquecido, encerrado num mundo de silêncio e de zumbidos dolorosos.

Na mesma ocasião recebe uma encomenda: o príncipe russo Nicolai Borissovitch Galitzin, violoncelista amador e amante da sua música, lhe pede para compor três quartetos, ao preço que ele quiser. Beethoven aceita, explicando que nada pode prometer quanto ao prazo de entrega.

Pois um outro projeto o absorve inteiramente: o da *Nona Sinfonia*. Nenhuma pressão pode desviá-lo desse trabalho. Seus amigos Lichnowsky e Dietrichstein suplicam para que componha uma missa para o imperador: ele fica um pouco tentado antes de adiar o projeto para nunca, pois a "agenda" está de fato sobrecarregada. Não é assim que irá assegurar a proteção da corte, que mais uma vez lhe recusa o cargo de mestre de capela, suprimindo o posto! Além do mais, no começo de 1823, ele termina a composição, estafante, da *Missa Solemnis*.

Do mesmo modo, ele rejeita as reiteradas solicitações que lhe fazem de escrever uma nova ópera. *Fidelio* não acaba de atingir um grande sucesso? A ópera alemã tem necessidade de tais obras, para contrabalançar o triunfo dos italianos e suas óperas-bufas. Beethoven está bem consciente disso. Aliás, ele é cercado pelas atenções de Karl-Maria von Weber, que se tornara célebre dois anos antes com seu *Freischütz* [O franco-atirador] e que, algum tempo depois, o recebe para jantar com amigos: "Esse homem grosseiro e repugnante me cortejou e me serviu à mesa com tanta atenção como se eu fosse uma dama"[2], testemunha o músico.

Mas, quanto a ele, o projeto de uma nova ópera não lhe convém. Lichnowsky lhe propõe temas: tragédias de Voltaire, *Zaira*, *Maomé*, e até uma *Fedra* que Voltaire jamais escreveu. Seu amigo Bach, o advogado, lhe sugere retomar o velho projeto da *Conjuração de Fiesko* de Schiller: em vão. Até mesmo Gallenberg, o marido de Giulietta Guicciardi, que continua tentando afirmar-se como músico enquanto a sempre bela Giulietta se distrai com seus amantes, busca uma aproximação com Beethoven, que recusa terminantemente. Compreende-se que ele não tivesse vontade de se reaproximar do casal. As velhas feridas ainda sangram.

Depois é a vez de Franz Grillparzer, o jovem poeta dramático já célebre, com frequência em dificuldades com a censura por suas ideias religiosas pouco ortodoxas, que faz amizade com o compositor e lhe propõe uma colaboração: uma ópera feérica sobre Melusina*. Beethoven gosta muito de Grillparzer, que tem por ele uma admiração sem limites. Mas a proposta de uma ópera sobre Melusina lhe parece um pouco fútil. Em matéria de ópera, seu único verdadeiro desejo, sua ambição suprema, seria compor um *Fausto*, como ele escreve em abril de 1823:

> Não escrevo apenas o que mais gostaria de escrever, mas o que preciso, por causa do dinheiro. – Isso não quer dizer que escrevo *unicamente* por dinheiro. – Passado este momento, espero enfim escrever o que é o mais alto para mim e para a arte – *Fausto*.[3]

E, de fato, nesse momento da história, haveria um tema mais digno dele, que atingisse o mais fundo da cultura alemã, o âmago das lendas germânicas e do questionamento metafísico do homem diante da morte, e a escolha do seu próprio destino?

A vida e a obra... É perturbador pensar na existência de Beethoven durante esse ano de 1823, no auge da composição da *Nona Sinfonia*, esse monumento à alegria, esse sonho de fraternidade universal. Pois nada funciona. A subscrição para a *Missa Solemnis*, projeto no qual ele se obstina, encontra raras respostas. O arquiduque e cardeal Rodolfo, passando uma temporada em Viena, o importuna: "A temporada do cardeal durou quatro semanas, durante as quais tive de lhe dar diariamente aulas de duas horas e meia a três horas. Ele me roubou tempo demais"[4], escreve a Ries. O trabalho de um artista consiste também em se proteger dos chatos...

Como se a surdez não bastasse, surgem problemas nos olhos. Em abril, uma conjuntivite aguda o impede de ler e de

---

* Personagem do folclore europeu, espírito das águas doces e das fontes sagradas. (N.T.)

escrever, ordem dos médicos. Ele a desrespeita, mas o trabalho com a sinfonia é afetado.

É durante esse mês de abril que aceita receber um menino de quem lhe dizem maravilhas, um prodígio, um virtuose chamado Franz Liszt. Tem onze anos de idade e já dá concertos nos quais seus dons de improvisador impressionam. Ele sonha apenas conhecer Beethoven. Inclusive roga a Schindler que interceda junto ao mestre para que lhe dê um tema, lacrado num envelope, que ele abrirá no próximo concerto para dele tirar uma improvisação. Beethoven não irá ao concerto – o que ele ouviria? Mas, alguns dias mais tarde, o jovem Liszt bate à sua porta, acompanhado do seu professor, Czerny. Meio século depois, Liszt deixou o testemunho desse encontro, talvez floreado pelos anos:

> Ele nos olhou por um momento com um ar sombrio, trocou algumas palavras rápidas com Czerny, depois ficou em silêncio, enquanto meu bom professor fez sinal para eu me pôr ao piano. Toquei primeiro uma pequena peça de Ries. Quando terminei, Beethoven me perguntou se eu poderia tocar uma fuga de Bach. Escolhi a fuga em dó menor do *Cravo bem temperado*. "Poderia transpô-la num outro tom?", me perguntou Beethoven. Por sorte, pude fazê-lo. Depois do último acorde, olhei para ele. Penetrante, o olhar ardente e sombrio do grande mestre pousou em mim. Mas de repente um sorriso suavizou seus traços: Beethoven chegou bem perto, inclinou-se para mim, pôs a mão na minha cabeça e, acariciando várias vezes meus cabelos, murmurou: "Diabo de garoto! Eis aí um tipo raro! [...] Vá! Você é um afortunado e fará outros homens felizes. Não há nada de melhor, de mais belo".[5]

Nesse mesmo mês de abril, ele tem a alegria de reencontrar o violinista Ignaz Schuppanzigh, seu amigo que volta da Rússia. Eles se conhecem há mais de vinte anos. Schuppanzigh sempre defendeu com ardor os quartetos de Beethoven, tocando-os seguidamente com seu conjunto. Beethoven compôs para ele um exercício humorístico, *Elogio do Obeso*. Pois Schuppanzigh não passa despercebido: é enorme, pitoresco, Ludwig o chama "Mylord Falstaff". É a ele que confidencia os projetos que correspondem a seus desejos mais profundos, escrever novos quartetos: refúgio, forma ideal onde dar vazão a suas meditações e a seu pensamento musical. Longe dos efeitos tonitruantes da orquestra, o quarteto, pela economia dos seus meios e a perfeição ideal de uma formação reduzida, permite atingir a depuração. Logo ao chegar, o bom Schuppanzigh decide organizar concertos com seu grupo para tocar antigos quartetos de Beethoven, o oitavo e o décimo. O sucesso é reduzido. Como se essa música, austera, grave, profunda, tivesse passado de moda em Viena.

Beethoven está longe da cidade. Partiu no verão para Hetzendorf, convidado pelo rico barão de Pronay, que o hospeda luxuosamente em seu castelo. Verão de trabalho intenso, ocupado na tarefa imensa de dar forma a esta síntese de toda uma vida musical, este projeto que ele vem concebendo há décadas e que será a *Nona Sinfonia*.

A temporada, que deveria ser divina, logo torna-se insuportável. Beethoven cometeu o erro de convidar Schindler para juntar-se a ele por alguns dias e o suporta cada vez menos, apesar de alguns serviços que este lhe presta. Convém dizer que Schindler é de uma fatuidade insuportável. Em nome de suas competências musicais, ora entende tratar Beethoven como companheiro, explicando-lhe o que deve compor, ora se mostra de uma servilidade pegajosa particularmente desagradável que suscita em Beethoven um sentimento de execração e de desprezo. Passagens dos *Cadernos de conversação* registram essas questiúnculas e conselhos que impacientam e irritam Beethoven, que acabará por se desembaraçar dele – por um momento – no ano seguinte. Quanto ao anfitrião, o barão de Pronay, Schindler logo o exaspera, aborrecendo-o, em troca da hospitalidade, com longas conversas, ao mesmo tempo em que lhe pede para não fazer ruído no quarto. Beethoven logo sente um prazer maligno em contrariá-lo e abandona essa gaiola dourada para se refugiar em Baden.

Nesse momento, ele está compondo os três primeiros movimentos da sua sinfonia e se mostra especialmente irascível. Embora suas relações com Karl tenham se apaziguado e sejam agora mais afetuosas, a coisa não dura: no outono, Karl, aos dezessete anos, tem a má ideia de tomar seu primeiro porre, o que é bastante compreensível na idade. Mas a reação do tio, irracional como sempre, obriga Karl a se desfazer em pedidos de desculpa.

As relações não vão melhores com seu irmão Johann, e sobretudo com a mulher deste. Ele tolera mal a afetação burguesa do irmão que, nas cartas, se vangloria com o título imbecil de "proprietário de terras"[6] – ao que Ludwig, numa carta de Ano-Novo, responde: "Proprietário de um cérebro".[7] Mas eis que Johann adoece, e sua mulher aproveita-se para enganá-lo. A virtude suscetível de Ludwig, pronta a se inflamar quando se trata dos desvios de outrem, vale a Johann uma carta furibunda na qual ele trata a cunhada de "puta" e de "porca".[8] "Oh, vergonha e maldição!" ele escreve. "Será que não há mais em ti resto algum de um homem?"[9]

Enfim, no meio de todas essas preocupações, ele termina a *Nona Sinfonia*. Seu monumento. Se a *Missa Solemnis* pretendia ser a síntese de todas as músicas sacras, a *Nona* é a apoteose e a síntese do seu próprio universo musical, da sua ciência da orquestra, uma obra que ele oferece tanto a si mesmo quanto à humanidade inteira. É necessário reconstituir sua gênese.

Fazia trinta anos que Beethoven pensava em musicar a *Ode à alegria* de Schiller, que coloca no topo do seu cânone literário. Por outro lado, segue profundamente afeiçoado ao tema musical que já utilizou, em particular, na *Fantasia para Piano, Coro e Orquestra* op. 80. Em que momento esses dois elementos se juntam? Tardiamente. Primeiro ele considerou uma sinfonia com coros, muito diferente da *Nona*. A *Nona Sinfonia*, concebida desde 1812, esboçada em 1817, não compreendia, na origem, um final com coros. Em 1822 e 1823, ele compõe os três primeiros movimentos, mas pensa num final instrumental. É somente no outono de 1823 que se produz a "junção" entre os três primeiros movimentos e o *Hino à Alegria*: ele pode então, em fevereiro de 1824, terminar essa sinfonia em ré menor, coroando-a com esse movimento grandioso.

Por sua amplitude, sua complexidade, sua dificuldade de execução, mas também graças à acessibilidade imediata do seu hino final a um público universal (a tal ponto que se fará dele o hino europeu, numa reorquestração bastante vulgar de Herbert von Karajan), a *Nona Sinfonia* é mais do que uma obra musical: é um símbolo, um estandarte e até uma arma política, como mostrou muito bem Esteban Buch num ensaio brilhante.[10] Conforme as condições de sua execução e de sua recepção, não se ouve exatamente a mesma obra. No registro de um concerto em Berlim, em 1943, regido por Wilhelm Furtwängler diante de uma assembleia de dignitários nazistas, é marcada a lentidão aterrorizante e suntuosa do andamento, a potência do final... Obra escrita por antecipação para a glória do III Reich? A interpretação dada por Leonard Bernstein pouco antes de morrer, em 1989, no momento da queda do muro de Berlim, veste a obra, de maneira simbólica, de um sentido completamente diferente...

O que essa sinfonia contém é, de fato, a totalidade do gênio orquestral de Beethoven, seu prodigioso senso da dramaturgia musical: um primeiro movimento sombrio, inquietante, que parece surgir das profundezas da terra, como uma lembrança dos tons trágicos da *Quinta Sinfonia*; um segundo movimento em forma de *scherzo* fugado, ritmado pelos tímpanos no começo, depois sucedido por um motivo dançante em que os oboés e as trompas desempenham um papel essencial; um adágio cantábile, meditativo, lírico, que lembra a *Cena à beira do riacho* da *Sinfonia Pastoral*; a seguir a explosão final do quarto movimento, ele próprio composto de duas partes: uma abertura instrumental em si bemol menor, antes da introdução do *Hino à Alegria* propriamente dito, na tonalidade triunfal de ré maior.

Desta vez temos vontade de nos reconciliar com Claude Debussy que, em *Monsieur Croche*, faz sobre a *Nona Sinfonia* este julgamento límpido:

> Nada nessa obra de proporções enormes é inútil; nem mesmo o andante que estéticas recentes acusaram de longo; não é

ele um repouso delicadamente previsto entre a persistência rítmica do *Scherzo* e a torrente instrumental que arrasta de modo irresistível as vozes rumo à glória do *Finale*? Quanto à humanidade transbordante que faz romper os limites habituais da sinfonia, ela brota da sua alma, a qual, sedenta de liberdade, se mortificava, por um irônico arranjo do destino, com as grades douradas que a amizade pouco caridosa dos poderosos lhe oferecia. Beethoven deve ter sofrido com isso no seu coração e desejado ardentemente que a humanidade comungasse com ele: daí esse grito lançado pelos milhares de vozes do seu gênio aos "irmãos" mais humildes e mais pobres. Foi ele ouvido por estes? Questão perturbadora![11]

Em Viena, murmura-se que Beethoven acaba de concluir uma obra imensa, grandiosa. Mas a Sociedade Filarmônica de Londres lhe havia encomendado uma sinfonia em 1817, essa mesma, na realidade, que acaba de compor, e ele é fortemente tentado, mais uma vez, a partir para Londres com sua sinfonia. É então que alguns membros da alta sociedade vienense, sabendo desses projetos de partida, lembram-se da sua existência. Enviam ao mestre um pedido, uma carta de súplicas. Essa carta, assinada por uns trinta nomes, é de uma adulação grandiloquente nos seus termos pomposos: "Só o senhor pode assegurar a vitória decisiva aos nossos esforços para o bem. A nação espera do senhor uma vida nova, novos lauréis e um novo reinado do bem e do belo, apesar da moda atual que quer violentar as leis eternas da arte...".[12]

Estranha, pateticamente, Beethoven acaba seduzido por essa carta melíflua. Boas palavras mas nenhuma promessa. Nada que se assemelhe a um contrato, com moeda sonante e bem aferida. Uma manobra dilatória, sem garantias para o interessado. Mas, ao apelar a tão nobres sentimentos, sabemos que fibra é tocada no destinatário.

Enfim o concerto é preparado. Não sem dificuldades. A dimensão monumental da obra assusta os executantes. E levanta-se a questão do lugar. Onde tocar tal composição? O diretor do teatro An der Wien, o conde Palfy, concorda em ceder o local com a condição de que seus próprios maestros se encarreguem de dirigir a obra. Beethoven não quer nem ouvir falar disso: exige que sua sinfonia seja regida por Umlauf e Schuppanzigh, os únicos em quem confia. Escolhe um outro teatro, muito menor, o Karntnerthortheater. Torna-se desconfiado, acusa os colaboradores de extorqui-lo, anuncia que abandonará o concerto. Será preciso todo o tato e a doçura do enorme Schuppanzigh para fazê-lo mudar de ideia.

Quanto às cantoras, Karoline Unger e Henriette Sontag, resmungam diante das dificuldades do canto delas e do texto. Ele as afaga, as paparica, inclusive as convida para jantar em casa: dessa ceia elas sairão mais mortas que vivas, com vômitos, pois o alimento ou o vinho que Beethoven lhes serviu estava com certeza estragado.

Todos se metem a dar palpites no empreendimento: Schindler, é claro, mas também o sobrinho Karl e até o irmão Johann, pouco competente em matéria de música.

O concerto acontece finalmente em 7 de maio de 1824. Além da grande sinfonia com solos e coral, está prevista a apresentação, pela primeira vez, da *Missa Solemnis*. A polícia intervém, já que é proibido tocar música religiosa num teatro. Os trechos escolhidos, como dissemos, serão "hinos".

No dia do concerto, o estreito recinto do teatro, essa "casca de noz", mal pode conter a multidão. Apenas o camarote da família imperial permanece vazio. Mas os aristocratas, já em suas férias de verão, também não compareceram. O próprio arquiduque Rodolfo chama a atenção por sua ausência.

Na sala a tensão é extraordinária. No início, o público escuta religiosamente o sombrio primeiro movimento. Mas, a partir do *scherzo*, gritos de entusiasmo misturam-se à orquestra. Após a explosão das últimas notas, é uma ovação indescritível. Ressoam cinco salvas de aplausos. Essa inconveniência deixa nervosos os policiais presentes: a própria família imperial em geral não recebe mais do que três.

Beethoven não ouve nada. Está de costas viradas para o público, ao lado do regente Umlauf, com os olhos perdidos na partitura. Uma das cantoras, Karoline Unger, avança em direção a ele. Toma-o pelos ombros e força-o a virar-se para a multidão. Ele vê rostos comovidos, mãos que se agitam, e se inclina.

Mas essa felicidade é de curta duração. A parte da receita do concerto que lhe cabe é irrisória: 120 florins. Uma miséria para tantos meses de trabalho. Apesar do sucesso, sente-se arrasado. Acaba de oferecer uma obra-prima à humanidade e sabe bem o que ela significa. Essa glória não é suficiente? Não. Acreditar que um artista vive sem dinheiro, fora da realidade do mundo, é desprezá-lo. Beethoven se recusa a ir jantar com os outros. Permanece horas afundado num divã, furioso e desesperado.

A obra é reapresentada em 25 de maio, com uma ária de Rossini como brinde para atrair o público... Mas desta vez a sala está longe de estar cheia. Parece mais o resultado de uma intriga. Seus inimigos conseguiram caluniar a obra junto ao público? O jantar após o espetáculo é triste, apesar do alegre grupo reunido. Os amigos estão ali, o sobrinho Karl, as duas simpáticas cantoras, Karoline Unger e Henriette Sontag. Por brincadeira, pediram a Schuppanzigh para comer antes do jantar, por conta de seu apetite de leão. Mas Beethoven está sombrio. Um comentário põe fogo na pólvora. Alguém lhe sugere encurtar a sinfonia. Ele explode de fúria. E desta vez é Schindler o alvo da sua cólera. Já não o suporta mais, e a ocasião é propícia para livrar-se dele. Responsabiliza-o pelo fracasso, acusa-o de lhe roubar dinheiro. Schindler vai embora. Depois a mesa se esvazia, e Beethoven acaba por jantar sozinho com Karl. Foi assim que nasceu, dolorosamente, na amargura e na discórdia, a obra musical mais célebre do mundo, que canta a fraternidade de todos os homens.

Cantos do cisne

Schindler, despedido, remói seu despeito. Ele voltará a se aproximar do compositor nos últimos meses de vida deste, parasita abusivo que colocou no seu cartão de visita: "Amigo de Beethoven".

Ludwig passa o verão de 1824 escrevendo o *Décimo segundo Quarteto* op. 127, primeiro em Pieńsk, depois em Baden, porque em Pieńsk se sente espionado pelos transeuntes, que podem vê-lo no seu quarto.

O *Décimo segundo Quarteto* é uma encomenda do príncipe Galitzin. Fruto de longas pesquisas, de inúmeros esboços, a obra tem mais de quarenta páginas! Lenta ruminação que se explica por problemas reais de composição: ele busca uma forma nova, pensa mesmo em lhe dar seis movimentos. A obra se revela de uma dificuldade considerável para os intérpretes, e parece que esse quarteto foi inicialmente mal compreendido por um público desconcertado por sua novidade. É preciso dizer também que a execução feita por Schuppanzigh, em março de 1825, é catastrófica: os músicos não tiveram tempo de ensaiar nem de assimilar uma obra inapreensível, com uma variedade de efeitos, invenções melódicas de difícil memorização, que uma primeira escuta ou uma leitura superficial não conseguem penetrar. Furioso, Beethoven retira a obra de Schuppanzigh, magoado, apesar dos seus veementes protestos, e a confia ao quarteto Böhm, que a apresenta quinze dias mais tarde com sucesso. Mas Schuppanzigh digere mal a afronta, agravada por calúnias que Johann, irmão de Ludwig, parece ter lançado contra o violinista, espalhando "mexericos imbecis". O desentendimento não vai durar muito tempo.

Beethoven terminou esse *Décimo segundo Quarteto* em setembro de 1824, "no delírio da sua alegria e na alegria do seu delírio"[1], diz um amigo. Após o afastamento de Schindler, um novo factótum se estabelece aos poucos junto dele. Trata-se de Karl Holz, um violinista do quarteto Schuppanzigh com quem Beethoven simpatiza, provavelmente porque o faz rir. Holz não tem a cara de enterro e o ar doutoral de Schindler: é um jovem de 26 anos, de temperamento alegre e brincalhão, que estará ao lado de Beethoven até o final de 1826, época do seu casamento. Claro que Schindler o retrata como um bêbado detestável e um estouvado político, que teria exercido má influência sobre Beethoven. Na realidade, Holz é sobretudo um conselheiro inteligente e dedicado, como testemunha o que resta dos *Cadernos*, demonstrando por seu mentor uma amizade sem bajulação.

Beethoven, por seu lado, vigia as amizades do seu sobrinho. E justamente o amigo de Karl nesse momento, chamado Niemetz, não lhe agrada. Considera-o chato, "sem nenhum decoro e conveniência".[2] Além do mais é pobre. Por certo pobreza não é vício, mas mesmo assim... Em suma, Beethoven quer que Karl deixe de vê-lo. Este se revolta e manda o tio às favas. Poderia ser o momento da sua emancipação. Infelizmente...

Nos meses seguintes, e até o drama que se prepara, as discussões entre o tio e o sobrinho são cada vez mais frequentes – e violentas. Todo o ano de 1825 traz os vestígios – ou os respingos de lama – dessa disputa, especialmente nas cartas furiosas do tio, que suspeita de que Karl esteja revendo a mãe e lhe prega sermões, acusando-o, ameaçando abandoná-lo à sua sorte: "Eu não gostaria de ter me esforçado tanto para dar ao mundo um *homem ordinário*".[3] Beethoven chega até a mudar de casa para se aproximar da escola onde Karl estuda comércio, outra decepção. Nesse verão ele interrompe por alguns dias suas férias para voltar a Viena e procurar uma nova casa. É nesse momento que reencontra, quase por acaso, seu amigo de infância Stephan von Breuning, perdido de vista há anos, acompanhado do filho Gerhard. É como se um círculo se fechasse. Os Breuning vão se instalar em Viena. Os dois amigos se abraçam e prometem se ver com frequência. Beethoven está feliz.

Ele passou um inverno terrível, doente dos pulmões e mal do estômago. Mas nesse verão parece particularmente em forma. Quem poderia pensar que só tem mais um ano e meio de vida? Em setembro, um grupo de amigos, entre os quais Holz, Seyfried e o compositor dinamarquês Kuhlau, vai visitá-lo em Baden. Beethoven os cansa num passeio pelos caminhos montanhosos mais escarpados, marchando com disposição à frente, como se o contato com a natureza multiplicasse suas forças. Depois, leva-os para almoçar numa hospedaria onde faz questão de embriagá-los com os melhores vinhos. Compõe um exercício de gosto duvidoso a partir do nome de Kuhlau. Todos se levantam da mesa cambaleando. No dia seguinte ele pede desculpas por tais excessos.

Essa alegria, esse desejo de festejar se explica: ele acaba de terminar o *Décimo quinto Quarteto* op. 132, o segundo dos *Quartetos Galitzin*.

O quarteto é tocado em 9 de setembro, em Viena, por Schuppanzigh e seu grupo, do qual Holz faz parte. Beethoven desloca-se de Baden para a ocasião. A execução é feita entre amigos, no quarto de um hotel situado junto ao parque Prater. Faz um calor sufocante. Beethoven rege a obra em mangas de camisa, embora isso não seja muito necessário para uma peça de música de câmara. Nesse momento, estaria ele totalmente surdo? Seu mal teria períodos de melhora? Ele arranca o violino das mãos de Holz, cuja interpretação não lhe agrada, para tocar alguns compassos em seu lugar. Mas está um quarto de tom abaixo... Depois aceita improvisar ao piano. Será a última vez em público. Ele se ouviria tocar ou seus dedos apenas guardariam a lembrança dos anos de virtuosismo?

Esse *Décimo quinto Quarteto*, hoje uma de suas obras mais míticas, embora não a mais famosa, é desde o início muito apreciado. Seguramente não é "fácil", mas o adágio é de tal beleza, de tal carga emotiva e espiritual que, conta Holz, arrancou lágrimas de um velho amigo de Beethoven, o comerciante de tecidos Johann Wolfmayer...

De volta a Baden, ele retoma em seguida seu trabalho com o *Décimo terceiro Quarteto* e a *Grande Fuga para Quarteto de Cordas*, ao mesmo tempo em que envia a Karl cartas extravagantes, ora com censuras, ora com demonstrações de amor apaixonado. Karl é sua vergonha e sua preocupação constante. Pede dinheiro emprestado às criadas, tem más companhias. Uma noite desapareceu, isto é, não dormiu em casa. Beethoven se desesperou. Em que braços duvidosos Karl passou a noite? É verdade que o rapaz ama o jogo e as mulheres. E o "pai" não tarda a se arrepender de seus xingamentos, chamando-o de volta:

> Caro e precioso filho! Acabo de receber tua carta quando a ansiedade já me roía e eu me dispunha a voltar hoje mesmo a Viena. Graças a Deus não é necessário; apenas me acompanhe, e o amor, a beatitude e a bem-aventurança serão nosso destino.

Ele se queixa também da sua criada, e em palavras que não esperaríamos do autor da *Nona Sinfonia*:

> A semana inteira tive de suportar e ter paciência como um santo. Estou farto dessa gentalha! Que vergonha para a nossa civilização haver a absoluta necessidade do serviço dessa gente, ser preciso ter junto a nós o que desprezamos.[4]

Em outubro de 1825 ele conclui o *Décimo terceiro Quarteto*, de uma riqueza melódica e de uma liberdade de concepção que traduzem uma grande plenitude, tendo, no quinto movimento, aquela passagem de intensidade emocionante que Beethoven confessou a Holz ter composto com "lágrimas de dor"[5]; nunca antes, ele acrescentou, sua música atingira tal expressão, e a lembrança dessa passagem lhe trouxe lágrimas aos olhos.

Mas a criação mais radical desse outono de 1825 é a famosa *Grande Fuga para Quarteto de Cordas*, que é na origem o final do *Décimo terceiro Quarteto*. Beethoven, no momento de publicar a obra, substituiu o trecho por um outro movimento, a pedidos insistentes do seu editor Artaria, assustado pela complexidade tão pouco "comercial" dessa fuga, por sua dificuldade, tanto para ouvir quanto para executar: essa peça extraordinária foi assim publicada separadamente, em 1827. É preciso dizer que Beethoven não se preocupa muito com a capacidade de escuta – e de compreensão – do seu público. Como nos surpreendermos com o fato de que a *Grande Fuga*, que soa de forma tão "contemporânea" aos nossos ouvidos, tenha desde o início assombrado e inquietado os intérpretes? Trata-se de fato, segundo o princípio clássico e mesmo canônico da fuga, de uma música do futuro. A seu respeito, o maestro Ernst Ansermet, que compôs uma adaptação para orquestra, escreveu: "É sem dúvida a obra ininterruptamente mais poderosa pela amplitude da sua forma, a mais densa e a mais rica de significação de toda a música. Ela é um mundo em si; ela é única".[6]

Karl o evita, tem até vergonha de andar com ele na rua, "por causa do seu ar de louco".[7] Beethoven sente-se infeliz com isso. Que ingratidão!... Em contrapartida, afeiçoa-se por Gerhard von Breuning, o filho do seu amigo, e este, ao contrário de Karl, tem orgulho de ser visto com esse "homem ilustre".

O círculo volta a se fechar um pouco mais. Depois de muitos anos, recebe enfim notícias de seus amigos Wegeler. Por que um tão longo silêncio? A culpa é em parte dele: desde que vive em Viena, há mais de trinta anos, não voltou mais a lhes escrever. De longe eles acompanharam seu magnífico percurso, que deixa Wegeler orgulhoso e feliz. Não contribuiu ele modestamente para isso, à sua maneira, no tempo da distante juventude? Lorchen, casada com Wegeler desde 1802, junta palavras ternas à carta do marido. Ela não esqueceu nada, nem a antiga amizade, nem a desavença, nem a reconciliação... Eles têm uma filha que venera sua música e a toca "maravilhosamente". "Tenho ainda o retrato em perfil da tua Lorchen"[8], responderá Ludwig a Wegeler, dez meses mais tarde...

Muitas boas almas ficaram desoladas por Beethoven ter dedicado os últimos meses de sua vida a compor quartetos de cordas, em vez de lançar todas as forças na sua *Décima Sinfonia*, que ficará apenas esboçada, no réquiem com que ele sonha, ou no projeto magnífico de *Fausto*. Contudo, não faltam razões para essa escolha, independentemente de qualquer consideração estética e da paixão marcada de Beethoven pelo gênero do quarteto. Ainda que a *Nona Sinfonia* faça um grande sucesso nas cidades alemãs onde é tocada, sobretudo em Leipzig, ainda que em breve ela vá se espalhar por toda a Europa e conhecer um destino fulgurante, Beethoven continua decepcionado com o fracasso financeiro sofrido em Viena. A música é sua profissão, ele precisa viver dela. Do ponto de vista dos editores, um quarteto que pode ser tocado por bons amadores, ou em concertos públicos ou privados, especialmente um quarteto do mestre Beethoven, é um bom negócio, pois vende bem. Ele mesmo não é insensível a esse argumento. Pagam-lhe agora até oitenta ducados por esse tipo de composição. Por isso, já no outono de 1825, ao mesmo tempo em que toma notas para a *Décima Sinfonia*, cujo projeto vai clareando, ele trabalha com afinco no seu *Décimo quarto Quarteto*.

Mas em janeiro sua saúde o trai novamente. Ele sofre com problemas nos olhos e da gota. O dr. Braunhofer, seu novo médico (ele tentara vários ao longo dos anos), lhe prescreve uma dieta severa, sem vinho nem "*kaffeh*", e um tratamento à base de abluções com leite morno, creme de arroz e chocolate. Os medicamentos, na época, combatem sobretudo seu próprio efeito nocivo. A medicina do começo do século XIX é ainda uma arte primitiva.

O *Décimo terceiro Quarteto* é apresentado em março de 1826. A *Grande Fuga* constitui ainda seu movimento final. Schuppanzigh, reconciliado com Beethoven, é quem oficia. Mas, apesar de toda a sua experiência, a partitura não é fácil de se domar. Holz, que o acompanha e teve a ocasião de ler a obra na casa de Beethoven, testemunha esse calvário: "Schuppanzigh tinha às vezes que se esforçar ao máximo para vencer as dificuldades da sua parte de primeiro violino, o que provocava em Beethoven risadas homéricas".[9]

No dia do concerto, como se podia esperar, as reações são de perplexidade. O terceiro e o quarto movimentos são muito apreciados e repetidos. Mas a fuga... O crítico da *Gazeta Musical de Leipzig* confessa seu embaraço:

> O sentido do *finale* fugado, em compensação, escapou completamente ao cronista: era grego, incompreensível. Quando os instrumentistas devem se agitar de um extremo a outro (como para passar do polo Sul ao polo Norte) em meio a incríveis dificuldades, quando cada um emite uma parte diferente da dos parceiros e assim as vozes se cruzam *per transitum irregularem*, numa série de dissonâncias, enfim, quando o músico perde toda a confiança em si mesmo, não estando mais seguro de tocar com exatidão, a coisa vira uma desordem babilônica. [...] Tudo isso talvez não fosse enunciado se o mestre pudesse ouvir o que compõe. Mas não queremos concluir de modo prematuro: virá talvez um tempo, quem sabe, em que aquilo que no primeiro momento nos dá a impressão de ser confuso e embaralhado parecerá claro e agradavelmente construído.[10]

Em suma, uma música de surdo, mas diante da qual, por caridade, se tem a precaução de reservá-la ao futuro...

Apesar da saúde cada vez mais debilitada, Beethoven escreve o *Décimo quarto Quarteto em dó sustenido menor*, terminado em julho de 1826. As ideias pululam. Beethoven diz que esse quarteto quase programático (Richard Wagner chega a descrever seu roteiro, que ele imagina à sua maneira propensa à hipérbole lírica) é "feito de peças e trechos roubados aqui e ali".[11] É a última música que Franz Schubert ouvirá, no seu quarto, tocada pelos amigos, cinco dias antes de morrer de tifo, em 14 de novembro de 1828, aos 31 anos. Dizem que ele ficou tão emocionado que houve o receio de que morresse antes da hora.

No cemitério central de Viena, que de central só tem o nome, os túmulos de Beethoven e de Schubert acham-se lado a lado, na ala dos músicos. Uma emoção emana desse indescritível lugar quando sabemos que esses dois gigantes nunca se falaram, embora tenham se visto, se cruzado, pois Schubert, que venerava Beethoven, dava um jeito de ir às mesmas tavernas que ele, às mesmas horas. Schubert não ousava se aproximar, petrificado de timidez diante daquele que ele considerava como seu deus. Um dia atreveu-se a lhe levar variações para piano, mas o mestre não estava em casa. E Beethoven? Dizem que conhecia algumas obras de Schubert, especialmente os *lieder*, e que fez um comentário elogioso a respeito. Mais nada. A história é feita também desses encontros frustrados.

Matar o pai

No mês de outubro de 1825, Beethoven muda-se para o que será sua última moradia, a Schwarzspanierhaus. Pela primeira vez depois de muitos anos ele não parte para o campo quando chega o verão – seu último verão. Quer ficar junto de Karl, que deve prestar exames no fim do ano. Na verdade, ele o vigia. E a ideia não é nada boa. Habitualmente, a partida do tio para suas férias dava a Karl um pouco de descanso e oxigênio. Nesse ano ele terá de suportar seus humores e suas extravagâncias, no abafado calor vienense. Em vão tentará evitar essa vigilância constante, usando artimanhas, assegurando não ter necessidade da presença dele para estudar.

Beethoven está cheio de projetos. Começa um novo quarteto, o décimo sexto, aquele cujo final é construído sobre a famosa pergunta-resposta: "*Muss es sein? Es muss sein!*" (É preciso? É preciso!).

Esse movimento tem uma história. Em julho ele escreve um exercício humorístico, inspirado por uma troca com um dos seus mecenas, Ignaz Dembscher. Este deseja o manuscrito da partitura do quarteto op. 130, que Beethoven cedeu a Schuppanzigh. Ele exige então que Dembscher indenize Schuppanzigh, pagando-lhe a quantia de cinquenta florins. "É preciso?" pergunta Dembscher. "É preciso!", manda como resposta Beethoven. No *Décimo sexto Quarteto* esse motivo é retomado, mas o "*Muss es sein? Es muss sein!*", de início anedótico e objeto de um desses exercícios que Beethoven tinha o hábito de compor de forma brincalhona, adquire o peso de uma verdadeira meditação metafísica, "uma força de resposta às interrogações tanto sobre a condição humana quanto sobre a inspiração do artista".[1] O exercício humorístico tornou-se assim, algum tempo depois, uma espécie de debate musical entre as forças da resignação e as da vontade. Ou seja, como analisa Milan Kundera em *A insustentável leveza do ser*[2], o procedimento de Beethoven consistiu aqui em fazer passar o leve para o pesado, um simples bom-dia na língua de Goethe – ele acrescenta com humor – que pode adquirir o peso de uma tese metafísica. Muitas outras hipóteses foram propostas para comentar essa passagem. Exceto uma, que ousaremos sugerir: no entretempo, Karl tentou se suicidar.

Ele disparou duas balas contra a cabeça. Uma se perdeu, a outra atingiu a parte esquerda do crânio. A data desse ato desesperado é incerta: final de julho ou comecinho de agosto.

O gesto vinha sendo premeditado havia algum tempo. Karl anunciara a intenção de se matar. Desequilibrado, atormentado, acuado, ele tinha uma pistola que Schlemmer, seu locatário, havia encontrado num baú, com munições. Schlemmer confiscou a arma e avisou Beethoven. Mas Karl vendeu seu relógio para comprar uma nova arma. Depois se afastou de Viena, até as ruínas de Rauhenstein, nos arredores de Baden, para estourar os miolos.

Ele não aguentava mais. As importunações do tio, a vigilância permanente de que era alvo... Todas as pessoas próximas de Beethoven participavam desse cerco insensato, até Schindler, sempre à espreita, espionando-o, perseguindo-o com perguntas sobre o que fazia. Aconteceu, dizem, de Holz embebedá-lo para lhe arrancar confidências. Desesperado, exasperado, sufocado por essa permanente atmosfera de suspeita, Karl buscou voltar-se para a mãe. Fazia tudo às escondidas, "por temor de ser descoberto pelo velho estúpido".[3] Em relação a esse tio tirânico e, digamos com franqueza, odioso nos tormentos da sua neurose paterna, ele não sentia mais do que uma imensa execração. Uma outra razão pode explicar seu gesto: as dívidas. Ele jogava e devia dinheiro. Chegou até a desviar a quantia devida a seu locatário, e Beethoven não abria facilmente a carteira.

Karl jaz ensanguentado. Ele não morreu. Ato falho? O suicídio é muitas vezes, sobretudo quando fracassa, uma maneira de punir os familiares. No caso, de matar o pai, o que não deixará de acontecer. De manhã cedo, um carroceiro o encontra desmaiado. Karl consegue murmurar que quer ir para a casa da mãe.

É para lá que Beethoven, acompanhado de Holz, se precipita. Karl está consciente e, ao ver o tio, se enfurece. Não quer mais ouvir falar dele: "Agora está acabado. Não me amole com suas censuras e suas queixas: acabou".[4]

Dez anos de luta, de amor desastrado e selvagem, de decepções e de angústias, de loucura, de incoerências, de educação ferozmente ciumenta de um Prometeu que sonha moldar sua criatura: tudo isso termina diante desse adolescente hostil e fechado, com a cabeça coberta por uma bandagem ensanguentada.

Mas o caso não terminou. Na Áustria o suicídio é considerado um crime, segundo as normas do catolicismo em vigor: o cúmulo da estupidez. Devemos despertar os mortos para julgá-los, matá-los uma segunda vez? Só que dessa vez o ato falhou... Diante dos policiais, Karl acusa o tio: foi por causa dele que quis se matar, ele o maltratou demais. A única solução, para escapar à justiça, seria ele entrar no exército e, obviamente, Beethoven renunciar à tutela. Pois acabaram descobrindo as razões do desespero de Karl e do seu gesto: a ausência de instrução religiosa. Aliás, no leito do hospital para onde foi transferido, Karl recebe todos os dias a visita de um padre.

Beethoven se sente tomado de vergonha, de remorso, de rancor em relação ao sobrinho. De amor também, eterno. Ele lhe escreve, busca reconquistar sua confiança, supondo que alguma vez a teve. Mas tudo se passa agora como se Karl, retornando dentre os mortos, não oferecesse esperança alguma a suas tentativas, como se o tio não pudesse mais atingi-lo: ele está calmo, decidido, distante. Aceita, e mesmo escolhe, partir para o exército assim que for possível.

Nesses momentos de profunda aflição, Beethoven não está completamente só. Stephan von Breuning cuida das questões judiciais e se encarrega da tutela de Karl. Beethoven, mesmo assim, continua acusando a mãe, com sua vingança venenosa.

> Não se poderia autorizá-lo a entrar em contato com a mãe, que é uma pessoa corrompida ao extremo. Sua natureza intrinsecamente pervertida e má, sua maneira de sempre incitar Karl a me subtrair dinheiro, para em seguida compartilhar com ele essas rapinas, o escândalo que provocou o nascimento da sua filha, da qual ainda se busca o pai, a certeza também de que o convívio com a mãe o levaria a encontrar mulheres nem um pouco virtuosas, tudo isso justifica minha apreensão e meu requerimento. Mesmo a coabitação com uma pessoa como ela não poderia conduzir um jovem à virtude.[5]

Patética obstinação no ódio. Como se ele tivesse necessidade de se justificar, para aliviar o peso da própria culpa – processo muito comum nos emotivos primários.

Os que vivem a seu lado, se não o conhecessem, não imaginariam que ele acaba de viver tamanho drama, pois graceja, fala de projetos e trabalha assiduamente no seu *Décimo sexto Quarteto*. O efeito dos grandes choques geralmente não é imediato: mas o retorno é mais violento.

Teria sido para estreitar os laços familiares, para agradar a Karl, que já saíra do hospital, que ele aceitou sem muito entusiasmo o convite do irmão Johann para passar uns dias na casa deste em Gneixendorf, no outono? Estranha aquiescência. A Johann, que suplicava sua presença, ele primeiro respondeu: "Não irei. Teu irmão?!".[6] O que é uma ducha de água fria. Mas Johann insiste, junto com Karl, que apesar de tudo o que aconteceu irá até lá com ele. Ludwig acaba cedendo.

A temporada é penosa. Ele está carrancudo, irascível, queixa-se de tudo. Por mais que a cunhada se esforce para agradá-lo, enfeitando sua janela de flores, ele decididamente não a suporta. Tenta até convencer o irmão a deserdá-la em proveito de Karl. Inútil dizer que não será atendido. Ele acha também a comida execrável, não sem má-fé e um pouco de mesquinharia. Seria a morte se aproximando? Ele está convencido de que o perseguem, de que falam às suas costas, de que Karl e sua tia tocam de propósito músicas tolas para enfurecê-lo. Além disso, não suporta a vulgaridade de novos-ricos do irmão e da cunhada.

Em 1º de dezembro, ele deixa precipitadamente Gneixendorf com Karl, numa carroça de leiteiro que sacoleja sob uma chuva glacial. Como Viena fica a oitenta quilômetros de distância, é preciso fazer uma parada num albergue ruim e sem lareira. Beethoven treme de frio a noite toda, sente-se mal. No dia seguinte à noite, em Viena, deita-se, acometido de uma pneumonia dupla. Ficará no seu quarto até a morte.

Último combate

Poucas agonias foram tão descritas e comentadas como a de Beethoven. A novela da sua ruína física, dos sofrimentos, da morte que tarda a se apoderar desse corpo vigoroso é penosa de acompanhar: pneumonia, hidropisia, antes que a cirrose, que havia muito o ameaçava, o leve em 26 de março de 1827.

Uma lenda, em grande parte caluniosa, diz que Karl teria abandonado o tio à sua sorte, teria ido se divertir, negligenciando chamar o médico logo após o retorno a Viena. Na realidade ele cuida de Beethoven, não sem dedicação. Pede a ajuda do dr. Braunhofer, que não pode se deslocar. Um segundo médico contatado também não comparece. Holz, finalmente avisado em 5 de dezembro, chama o dr. Wawruch, considerado uma das sumidades da medicina vienense. Certamente esse estimável professor é competente, mas se preocupa com os honorários; além disso, como Diafoirus*, põe-se a falar latim, língua curativa, como todos sabem: Beethoven não tardará a qualificá-lo de idiota.

Por enquanto seu estado melhora. A pneumonia regride. Ele se sente melhor e espera mesmo se curar logo.

Em 10 de dezembro, uma recaída. Mas dessa vez é a cirrose que inicia seu lento trabalho de destruição. Uma crise fulminante, causada por um choque, segundo este testemunho deixado pelo dr. Wawruch:

> Encontrei-o agitado, com icterícia por todo o corpo; uma terrível colerina por pouco não o levou durante a noite. Uma irritação violenta e um profundo sofrimento causados por um ato de ingratidão e por uma ofensa imerecida provocaram essa explosão. Trêmulo, ele se contorcia em dores que lhe roíam o fígado e os intestinos. Os pés, até então apenas um pouco inchados, ficaram enormes. A partir desse momento

---

* O médico de *O doente imaginário* de Molière. (N.T.)

a pleurisia se desenvolveu, a urina se rarefez, o fígado apresentou sinais visíveis de nódulos, a icterícia seguiu seu curso. A intervenção afetuosa dos amigos acalmou, porém, a terrível revolução que se produzira: ele se apaziguou, esqueceu a afronta sofrida. Mas a doença progrediu a passos de gigante.[1]

Nova discussão com Karl? Punhalada de alguém à sua volta? Não sabemos. Nesse momento, Beethoven está cercado apenas do sobrinho, de Holz e dos Breuning, pai e filho. A presença de Gerhard lhe é uma alegria constante, como se ele tivesse encontrado enfim, nos seus últimos dias, o filho dos seus sonhos. "Beethoven era de uma extrema bondade", escreveu mais tarde Gerhard von Breuning, "ficava conversando comigo durante horas, eu que era apenas um garoto, alimentando minhas fantasias de criança."[2]

Nos dias seguintes, como que atraído pelo cheiro da morte, Schindler vem retomar seu lugar junto a Beethoven. Como Holz se ausenta cada vez mais para cuidar do seu casamento que se aproxima, ele recupera o domínio sobre um Beethoven moribundo e empenha-se em deixá-lo só, misturando, como de hábito, o autoritarismo e a bajulação.

O ventre está inchado de água. Decidem fazer uma punção. Beethoven é operado em 20 de dezembro por Wawruch e se sente um pouco melhor. "Mais vale ver correr água da barriga do que da pena de escrever"[3], ele graceja.

Em 2 de janeiro, Karl vem despedir-se dele. Está partindo para o exército e os dois não se verão mais. No dia seguinte, Beethoven escreve a seu advogado, Bach, para fazer de Karl seu herdeiro universal e para pedir que, juntamente com Breuning, cuide do sobrinho "como um pai".[4] Karl van Beethoven ficou no exército até 1832, depois se casou em Jihlava, onde servira como soldado. Tentou a seguir administrar um empreendimento agrícola, atividade na qual só conheceu dissabores. De volta a Viena, onde a mãe, cada vez mais rabugenta, lhe tornou a vida difícil, viveu modestamente com as rendas deixadas pelo tio. Morreu em 1858. Sua mãe lhe sobreviveu dez anos. Estava Beethoven de todo enganado nos seus julgamentos sobre a "rainha da noite"?

A melhora é breve. Em 8 de janeiro, nova punção. Beethoven não consegue mais suportar o dr. Wawruch e manda chamar o dr. Malfatti, o tio de Teresa, que primeiro reluta em vir, não querendo competir com o colega. Acaba aceitando, com a condição de ser apenas um "auxiliar", e prescreve ao doente um estranho remédio: ponche gelado. Beethoven se alegra e bebe de bom grado essa medicação, ultrapassando amplamente a dose prescrita: parece renascer, mas logo mergulha num sono de bêbado. O efeito do "tratamento" é de curtíssima duração. Seu estado piora. Ele é submetido a uma terceira, depois a uma quarta punção. O pior, diz ele, é "a suspensão completa de [sua] atividade".[5] Mal consegue rabiscar, quando a dor lhe dá uma trégua, algumas notas de um quinteto para Diabelli. O corpo se recusa a cumprir as ordens do espírito. Pois ele fala ainda dos seus projetos, da sua sinfonia, do seu *Fausto*, do oratório que pretende escrever quando estiver curado, *Saul e Davi*, inspirado no seu mestre Haendel, do qual acaba de receber, última e profunda alegria, a edição das obras completas.

Teria consciência do seu estado? O corpo está coberto de feridas, de escaras. Um dia, uma das feridas se abre, deixando escorrer muita água. Seus últimos visitantes, entre os quais Hummel e sua mulher, não conseguem reter as lágrimas ao ver esse corpo outrora poderoso que parece agora um esqueleto. Gerhard von Breuning relata:

> Quando retiraram do leito o corpo de Beethoven para fazer a autópsia, viu-se pela primeira vez que o infeliz estava coberto de chagas. Durante o tempo da doença, ele raramente emitira uma palavra de queixa. Nos *Cadernos* se encontrou apenas uma passagem a esse respeito, à qual meu pai respondeu com a promessa de um unguento para suavizar a pele. Mais de uma vez, porém, ele se queixou a mim das dores que lhe ocasionava a ferida inflamada da punção.[6]

Quanto a Schindler, ele não perde de vista seus interesses. Ao mesmo tempo em que continua a perturbar Beethoven com conselhos e demonstrações de fidelidade, se oferece, em 27 de fevereiro, para cuidar a partitura da *Nona Sinfonia* e a do *Oitavo Quarteto*, jurando que nunca se separaria delas: ele as venderá mais tarde ao rei da Prússia, com o que resta dos *Cadernos de conversação*.

Sendo preocupante sua situação financeira, Beethoven dita, em 22 de fevereiro, uma carta para Moscheles, lembrando a antiga proposta da Sociedade Filarmônica de Londres de organizar um concerto em seu proveito. Schindler acrescenta uma carta de sua autoria, na qual descreve um Beethoven agonizante.

A resposta da Sociedade Filarmônica de Londres chega rapidamente, na forma de uma quantia de cem libras esterlinas, ou seja, mil florins. Ao saberem dessa doação, os vienenses ficarão indignados por Beethoven ter apelado aos ingleses para ajudá-lo. Mas eles não lhe deram quase nenhum apoio durante essa agonia. Em nenhum momento o arquiduque Rodolfo se preocupou com ele.

Em 18 de março, Beethoven dita sua última carta, para agradecer a Moscheles e à Sociedade Filarmônica de Londres por sua generosa remessa.

Em 24 de março, está muito mal. É nesse momento que lhe chegam as garrafas do "excelente vinho do Reno" que havia encomendado a seu amigo Schott no mês anterior, a conselho do médico. Beethoven murmura: "Que pena... Que pena... Tarde demais!". Cala-se e pouco depois começa a delirar. No mesmo dia, um padre vem lhe administrar os últimos sacramentos.

Em 25 de março entra em coma. "Seu estertor era ouvido de longe"[7], escreve Gerhard von Breuning. Estava completamente inconsciente.

Seu irmão Johann não tarda a aparecer: quer recuperar o que resta dos mil florins enviados pela Sociedade Filarmônica de Londres. Breuning e Schindler o põem brutalmente para fora.

No momento da morte, ambos estavam ausentes para se encarregar do enterro próximo, visto como inelutável. No quarto do agonizante Ludwig havia apenas o jovem Gerhard von Breuning e o compositor Anselm Hüttenbrenner. Ninguém mais? Nem todos são dessa opinião:

> Segundo o testemunho do compositor Anselm Hüttenbrenner, de Graz, que assistiu à sua morte, Johanna van Beethoven foi a única outra pessoa presente no quarto nos seus últimos instantes. Essa informação não deixou de ser uma surpresa quando Thayer teve conhecimento dela em 1860, pois Schindler havia omitido a identidade da mulher presente no quarto. Thayer não podia acreditar que Johanna e Beethoven tivessem se reconciliado, e aparentemente incitou Hüttenbrenner a corrigir seu testemunho, de modo que este substituiu o nome de Johanna pelo de Teresa van Beethoven. Embora essa questão não possa mais ser resolvida com clareza, a primeira lembrança de Hüttenbrenner continua sendo o melhor indício, e é provável que tenha sido Johanna essa sra. Van Beethoven que cortou um cacho de cabelos da cabeça da Beethoven para estendê-la a Hüttenbrenner: "Como lembrança sagrada da última hora de Beethoven".[8]

Por volta das quatro da tarde, o céu escureceu e caiu uma tempestade, "uma tempestade formidável, acompanhada de granizo e de neve"[9], escreve Gerhard von Breuning. Beethoven ergue a mão, cerra o punho como se quisesse desafiar o céu, conta Hüttenbrenner, enfeitando talvez a cena. E acrescenta: "Quando a mão caiu sobre o leito, os olhos estavam semifechados. Com a mão direita ergui sua cabeça, apoiando a esquerda sobre seu peito. Nenhum sopro saía mais dos seus lábios, o coração havia parado de bater. Fechei seus olhos, sobre os quais depus um beijo, assim como na testa, na boca, nas mãos".[10]

No dia seguinte à morte, há uma grande movimentação na casa. Procuram dinheiro, não encontram. Johann logo acusa Breuning e Schindler de o terem roubado. É Holz quem revela a gaveta secreta onde Beethoven guardava seus objetos mais preciosos. Ali se encontram papéis de crédito, o *Testamento de Heiligenstadt*, a *Carta à Bem-Amada Imortal* e dois retratos de mulheres: o de Giulietta Guicciardi e o de Marie Erdödy.

Nos dias que seguem, muitos de seus papéis desaparecem. É mais do que provável que o domicílio abandonado tenha sido visitado pela polícia do imperador, em busca de documentos comprometedores: Beethoven era tido como um perigoso contestador do regime.

De todos os seus bens, vendidos em leilão em novembro do mesmo ano, obteve-se a soma de 1.140 florins. Ao todo, herança, manuscritos, livros, partituras renderam 10 mil florins – toda a fortuna de uma vida de trabalho obstinada em compor uma das maiores obras já concebidas pelo espírito humano.

No seu enterro, uma multidão de vinte mil pessoas se comprime nas ruas de Viena. O féretro é levado à igreja da Trindade dos Frades menores, depois ao cemitério de Währing, na periferia de Viena. A bela oração fúnebre de Franz Grillparzer é lida pelo ator Heinrich Anschütz. Um coro, acompanhado de trombones, canta o *Miserere* (WoO 130).

Dizem que, após a saída do padre, na antevéspera da morte, Beethoven murmurou: "*Finita est comoedia*".

ANEXOS

Cronologia

1770. Nascimento em Bonn, em 17 de dezembro, de Ludwig van Beethoven.

1778. Primeiro concerto em Colônia: Beethoven, apresentado como um menino prodígio, trabalha com seu pai.

1779. Estudos musicais com o músico viajante Tobias Pfeiffer.

1780. Estudos musicais com Egidius van den Eeden e Franz Rovantini. Aluno no Tirocinium de Bonn.

1781. Viagem a Roterdã com a mãe.

1782. Estudos musicais com Christian Gottlieb Neefe. Início da amizade com Franz-Gerhard Wegeler e os Von Breuning.

1783. Publicação das primeiras obras: as *Variações Dressler* e as *3 Sonatinas*.

1784. Nomeação como organista assistente em Bonn.

1785. Nomeado para o acompanhamento de ensaios teatrais em Bonn.

1787. Primeira viagem a Viena e encontro com Mozart.
17 de julho: morte de sua mãe.

1789. Matricula-se na Faculdade de Letras da Universidade de Bonn.

1790. *Cantata sobre a Morte de José II*, primeira obra importante.

1791. Viagem com a orquestra do Eleitor.

1792. Conhece Haydn em Bonn.
Novembro: partida definitiva de Bonn e chegada a Viena.

1793. Lições com Joseph Haydn. Encontro com membros da aristocracia vienense: Lichnowsky, Lobkowitz, Razumovski.

1794. Lições com Albrechtsberger.

1795. Primeiros concertos públicos, primeiros sucessos. Publicação dos *Trios* do op. 1.

1796. Turnê de concertos em Praga, Nuremberg, Berlim e Budapeste.

1798. Frequenta Bernadotte na embaixada da França. *Sonata* chamada *Patética*.

1799. Amizade com Amenda. Conhece os Brunsvik.

1800. Execução da *Primeira Sinfonia*. Temporada em Martonvásár na casa dos Brunsvik. Termina os seis *Quartetos* op. 10.

1801. Grave crise provocada pelo avanço da surdez. Apaixonado por Giulietta Guicciardi. *Sonata* chamada *Ao Luar*.

1802. Rompimento com Giulietta. Composição da *Segunda Sinfonia*. Temporada em Heiligenstadt (maio-outubro). Outubro: *Testamento de Heiligenstadt*.

1803. Execução da *Segunda Sinfonia*. *Sonata* chamada *A Kreutzer*.

1804. Termina a *Sinfonia Eroica*, suprime a dedicatória a Bonaparte. *Sonata Waldstein*.

1805. Apaixonado por Josefina Brunsvik. Considera um casamento que não se realizará. Estreia de *Fidelio/Leonora* em 12 de novembro. Fracasso.
20 de novembro: os franceses ocupam Viena.

1806. Em 29 de março, nova versão de *Leonora*, novo fracasso. *Quarto Concerto para Piano*, *Quarta Sinfonia*, *Concerto para Violino*, *Sonata* chamada *Appassionata*. Termina os quartetos 7 a 9. Temporada na Silésia (setembro e outubro) na casa de Lichnowsky, com quem se desentende.

1807. Solicita um cargo à direção dos teatros da corte: recusado. Abertura de *Coriolano*. Temporada na Hungria na casa de Esterházy, execução da *Missa em dó* e desentendimento com Esterházy.

1808. Amizade amorosa com Marie Erdödy. Compõe a *Quinta Sinfonia* e a *Sexta Sinfonia*, chamada *Pastoral*.
22 de dezembro: execução da *Pastoral*.

1809. *Quinto Concerto para Piano* chamado "*O Imperador*". Contrato com o arquiduque Rodolfo e os príncipes Lobkowitz e Kinsky. Bombardeio de Viena e ocupação pelas tropas francesas. Batalhas de Essling e Wagram. *Sonata Les Adieux*, *Décimo Quarteto*.

1810. *Egmont*. Rejeição do pedido de casamento a Teresa Malfatti. Encontro com Bettina Brentano (maio).

1811. Trio para piano *Ao Arquiduque* (Rodolfo).

1812. *Sétima Sinfonia*. 6-7 de julho: *Carta à Bem-Amada Imortal*. 19-23 de julho: encontro e conversas com Goethe. Ligação com Amalie Sebald.

1813. *A Batalha de Vittoria* ou *A Vitória de Wellington*. Volta a trabalhar em *Fidelio*.

1814. Reprise de *Fidelio*: sucesso. Gravemente doente. Outubro: Congresso de Viena.

1815. Morte do seu irmão Karl. Início da tutela do seu sobrinho Karl. *Sonatas para Piano e Violoncelo* dedicadas a Marie Erdödy.

1816. Agravamento do seu estado de saúde. *Lieder à Bem-Amada Distante*.

1817. Doença pulmonar. Crise moral.

1818. Convalescença. *Grande Sonata* op. 106 (*Hammerklavier*). Projeto de uma missa solene.

1819. Surdez total. Trabalha na *Missa Solemnis*.

1820. Continua trabalhando na *Missa Solemnis*. Compõe a *Sonata* op. 109.

1821. *Sonata* op. 110. Afecções pulmonar e hepática.

1822. *Sonata* op. 111. Termina a *Missa Solemnis*.

1823. Candidatura rejeitada ao cargo de mestre de capela da corte de Viena. Afecção ocular. Trabalha na *Nona Sinfonia* e nas *Variações sobre uma Valsa de Diabelli*.

1824. 7 de maio: execução da *Nona Sinfonia*. *Décimo segundo Quarteto*.

1825. Doença hepática. Projeto de viagem a Londres. *Décimo terceiro* e *Décimo quinto Quartetos*.

1826. *Décimo quarto* e *Décimo sexto Quartetos*. Projeto de escrever uma *Décima Sinfonia*. Tentativa de suicídio de Karl.

1827. Agravamento da doença: pneumonia, cirrose. 26 de março, 17h45: Beethoven morre, velado por Johanna van Beethoven, Gerhard von Breuning e Anselm Hüttenbrenner.

Referências

CARTAS E ESCRITOS DE BEETHOVEN

Carnets intimes. Paris: Buchet/Chastel, 1977.

Les cahiers de conversation (1819-1827). Paris: Éditions Corrêa, 1946.

Lettres. Turim: Ilte, 1968.

Briefe. Munique: G. Henle Verlag, 1996. 6 v.

Sélection de lettres. Paris: Calman-Lévy, 1901.

ENSAIOS E TESTEMUNHOS

Em francês:

ARNIM, Bettina von. *Correspondance avec Goethe*. Paris: Gallimard, 1942.

BRISSON, Élisabeth. *Ludwig van Beethoven*. Paris: Fayard, 2004.

_____. *Guide de la musique de Beethoven*. Paris: Fayard, 2005.

BUCHET, Edmond. *Beethoven, légendes et vérités*. Paris: Buchet/Chastel, 1966.

DEBUSSY, Claude. *Monsieur Croche*. Paris: Gallimard, 1987.

GIANNATASIO DEL RIO, Fanny. *Journal*. In: Tablettes de la Schola, nov. 1912-jun. 1913.

MASSIN, Jean e Brigitte. *Ludwig van Beethoven*. Paris: Fayard, 1967.

PROD'HOMME, Jacques-Gabriel. *Beethoven raconté par ceux qui l'ont vu, textes réunis et traduits*. Paris: Stock, 1927.

RIES, Ferdinand; WEGELER, Franz-Gerhard. *Notices biographiques sur Ludwig van Beethoven*. Paris: E. Dentu, 1862.

ROSEN, Charles. *Le Style classique*. Paris: Gallimard, 2000.

ROLLAND, Romain. *Vie de Beethoven*. Paris: Hachette, 1909.

_____. *Beethoven, les grandes époques créatrices*. Paris: Éd. du Sablier, 1928.

Solomon, Maynard. *Beethoven.* Paris: Fayard, 2003.

Schindler, Anton. *Histoire de la vie et de l'œuvre de Ludwig van Beethoven.* Paris: Garnier, 1864.

Stricker, Rémy. *Le dernier Beethoven.* Paris: Gallimard, 2001.

Vignal, Marc. *Beethoven et Vienne.* Paris: Fayard, 2004.

Em inglês:

Breuning, Gerhard von. *Memories of Beethoven.* Cambridge: Cambridge University Press, 1995.

Forbes, Elliot (ed.). *Thayer's Life of Beethoven.* Princeton: Princeton University Press, 1967. 2 v.

Lockwood, Lewis. *Beethoven, the Music and the Life.* Nova York – Londres: W. W. Norton Company, 2003.

Schlosser, Johann Aloys. *The First Biography.* Londres: Amadeus Press, 1996.

Sonneck, O. G. (ed.). *Beethoven, Impressions of his Contemporaries.* Nova York: Dover Publications, 1967.

Em alemão:

Adorno. Theodor W. *Beethoven.* Frankfurt: Suhrkamp Verlag, 2004.

Dahlhaus, Carl. *Ludwig van Beethoven und seine Zeit.* Laaber: Laaber-Verlag, 1999.

Geck, Martin. *Ludwig van Beethoven.* Berlim: Rowohlt, 2001.

Huchting, Dietma. *Beethoven, ein Biographischer Bilderbogen.* Hamburgo: Edel Distribution Gmbh, 2007.

Discografia

A discografia de Beethoven é evidentemente imensa e as indicações que seguem são apenas sugestões.

INTEGRAIS

A obra completa. Brilliant Classics, 2008.

Sinfonias completas. Orquestra Filarmônica de Berlim; Herbert von Karajan. DG 1976.

Concertos para piano completos. Alfred Brendel; Orquestra Filarmônica de Viena; Simon Rattle. Philips, 1998.

Sonatas para piano completas. Daniel Barenboïm. EMI, 1966.

Quartetos de cordas completos. Quarteto Alban Berg. EMI, 1999.

Sonatas para violino e piano completas. Itzhak Perlman; Vladimir Ashkenazy. Decca, 1973-1977.

OUTRAS GRAVAÇÕES

Sinfonia nº 2. Orquestra Filarmônica Real Britânica; René Leibovitz. Scribendum, 1961.

Sinfonia nº 3 "Eroica". Orquestra Filarmônica de Berlim; Herbert von Karajan. DG, 1976.

Sinfonia nº 5. Orquestra Filarmônica de Viena; Carlos Kleiber. DG, 1974.

Sinfonia nº 6 "Pastoral". Orquestra do Concertgebouw de Amsterdã; Erich Kleiber. Decca, 1953.

Sinfonia nº 7. Orquestra Filarmônica de Viena; Carlos Kleiber. DG, 1976.

Sinfonia nº 9. Wilhelm Furtwängler. EMI, 1951 (Festival de Bayreuth).

Missa solemnis. Orquestra Filarmônica de Berlim; Herbert von Karajan. DG, 1982.

Fidelio. Otto Klemperer. EMI, 1962.

Concerto para violino. Itzhak Perlman; Orquestra Filarmônica de Berlim; Daniel Barenboïm. EMI, 1986.

Concerto para piano nº 5 "O imperador". Edwin Fischer; Philarmonia Orchestra; Wilhelm Furtwängler. EMI.

Triplo concerto para piano, violino e violoncelo. David Oïstrakh; Mstislav Rostropovich; Sviatoslav Richter; Herbert von Karajan. EMI, 1969.

Sonata para piano nº 2 op. 27 "Ao luar". Stephen Kovacevitch. EMI, 1999.

Sonatas para piano nº 30, 31, 32. Maurizio Pollini. DG, 1977.

Variações Diabelli. Piotr Anderszewski. Virgin, 2000.

Sonata para violino e piano em lá maior op. 47 "A Kreutzer", Gidon Kremer, Martha Argerich. DG, 1994.

Notas

UMA INFÂNCIA TENEBROSA

1. RIESBECK, Barão Caspar. *Travels through Germany in a Series of Letters*. Londres, 1787.
2. RIES, Ferdinand; WEGELER, Franz-Gerhard. *Notices biographiques sur Ludwig van Beethoven*. Paris: E. Dentu, 1862.
3. BEETHOVEN, Ludwig van. *Lettres*. Turim: Ilte, 1968.
4. Texto anônimo (*apud* MASSIN, Jean e Brigitte. *Ludwig van Beethoven*. Paris: Fayard, 1964).
5. *Apud* MASSIN, Jean e Brigitte, *Beethoven, op. cit.*
6. Testemunho do padeiro Fischer (*apud* FORBES, Elliot (ed.). *Thayer's Life of Beethoven*. Princeton: Princeton University Press, 1964. 2 v).
7. RIES; WEGELER, *Notices biographiques...*, *op. cit.*
8. NEEFE, Christian-Gottlieb. In: *Revista de música de Cramer*, 2 de março de 1783 (*apud* FORBES (ed.), *Thayer's Life...*, *op.cit*).
9. BEETHOVEN, *Lettres*, *op. cit.*
10. MOZART, Wolfgang Amadeus. *Correspondance*. Paris: Flammarion, 1986-1994.

UM JOVEM NA CORTE

1. JAHN, Otto. *Biographie de Mozart*. Leipzig: 1867 (*apud* FORBES (ed.), *Thayer's Life...*, *op.cit*).
2. BEETHOVEN, *Lettres*, *op. cit.*
3. KANT, Immanuel. *Fondements de la métaphysique des moeurs* (1792). Paris: Vrin, 2002.
4. KANT, Immanuel. *Critique de la raison pure* (1787). Paris: Gallimard, 1990.
5. FORBES (ed.), *Thayer's Life...*, *op.cit*
6. RIES; WEGELER, *Notices biographiques...*, *op. cit.*
7. *Ibid.*
8. BEETHOVEN, *Lettres*, *op. cit.*
9. *Ibid.*
10. *Ibid.*

PAPAI HAYDN

1. RIES; WEGELER, *Notices biographiques...*, *op. cit.*
2. *Ibid.*

3. Mozart, *Correspondance, op. cit.*
4. *Apud* Massin, Jean e Brigitte, *Beethoven, op. cit.*
5. *Ibid.*
6. Testemunho do flautista Drouet, *apud* Massin, Jean e Brigitte. (Diálogo reconstituído pelo autor)
7. Schindler, Anton. *Histoire de la vie et de l'œuvre de Ludwig van Beethoven*. Paris: Garnier, 1865.
8. *Ibid.*
9. Beethoven, *Lettres, op. cit.*
10. Carta de Beethoven ao editor Schott, 22 de janeiro de 1825. *In*: Chantavoine, Jean. *Correspondace de Beethoven*. Paris: Calmann-Lévy, 1903.
11. Beethoven, *Lettres, op. cit.*
12. *Apud* Massin, Jean e Brigitte, *Beethoven, op. cit.*
13. Ries; Wegeler, *Notices biographiques…, op. cit.*
14. Episódio relatado por Seyfrid (*apud* Massin, Jean e Brigitte, *Beethoven, op. cit.*).

Amores, amizades…

1. *Apud* Solomon, Maynard. *Beethoven*. Paris: Fayard, 2003.
2. Ries; Wegeler, *Notices biographiques…, op. cit.*
3. Forbes (ed.), *Thayer's Life…, op. cit.*
4. Beethoven, *Lettres, op. cit.*
5. Jahn, *Biographie de Mozart, op. cit.*
6. *Apud* Buchet, Edmond. *Beethoven, légendes et vérités*. Paris: Buchet/Chastel, 1966.
7. Massin, Jean e Brigitte, *Beethoven, op. cit.*
8. Wasielewski, Wilhelm Joseph von. *Beethoven*. Berlim: 1894. Trad. H. de Curzon
9. Ries; Wegeler, *Notices biographiques…, op. cit.*
10. Beethoven, *Lettres, op. cit.*
11. Ries; Wegeler, *Notices biographiques…, op. cit.*
12. *Ibid.*

Os anos de crise

1. Breuning, Gerhard von. *Memories of Beethoven*. Cambridge: Cambridge University Press, 1995.
2. Beethoven, Ludwig van. *Carnets intimes*. Paris: Buchet/Chastel, 1977.
3. Beethoven, *Lettres, op. cit.*
4. *Ibid.*
5. D'Indy, Vincent. *Beethoven*. Paris: Henri Laurens, 1928.
6. Beethoven, *Lettres, op. cit.*
7. *Ibid.*

8. *Ibid.*
9. Lembranças conservadas na família de Amenda (*apud* MASSIN, Jean e Brigitte, *Beethoven, op. cit.*).
10. LUDWIG, Émil. *Beethoven. Vie d'un conquérant*. Paris: Flammarion, 1947.
11. BEETHOVEN, *Lettres, op. cit.*
12. Testemunho recolhido por Thayer em 1860 (*apud* MASSIN, Jean e Brigitte, *Beethoven, op. cit.*).
13. BEETHOVEN, *Lettres, op. cit.*

UMA NOVA FAMÍLIA

1. *Apud* BUCHET, *Beethoven, légendes..., op. cit.*
2. *Ibid.*
3. *Ibid.*
4. BEETHOVEN, *Lettres, op. cit.*
5. *Apud* BRISSON, Élisabeth. *Guide de la musique de Beethoven*. Paris: Fayard, 2005.
6. RIES; WEGELER, *Notices biographiques..., op. cit.*
7. *Ibid.*
8. Carta de Beethoven a Wegeler, 1801, *in*: BEETHOVEN, *Lettres, op. cit.*
9. BRISSON, *Guide de la musique..., op. cit.*
10. *Apud* BRISSON, in *ibid.*
11. *Apud* BRISSON, in *ibid.*

HEILIGENSTADT

1. BEETHOVEN, *Lettres, op. cit.*
2. *Ibid.*
3. *Ibid.*
4. *Apud* SCHINDLER, *Histoire de la vie..., op. cit.*
5. JAHN, *Biographie de Mozart, op. cit.*
6. PROD'HOMME, Jacques-Gabriel. *Les Symphonies de Beethoven (1800-1827)*. Paris: Delagrave, 1939.
7. *Les Tablettes de Polymnie*, 10 de março de 1811 (*apud* MASSIN, Jean e Brigitte, *Beethoven, op. cit.*).
8. RIES; WEGELER, *Notices biographiques..., op. cit.*
9. BEETHOVEN, Ludwig van. *Les cahiers de conversation (1819-1827)*. Paris: Éditions Corrêa, 1946.
10. *Ibid.*
11. *Ibid.*
12. *Apud* MASSIN, Jean e Brigitte, *Beethoven, op. cit..*
13. BEETHOVEN, *Lettres, op. cit.*

14. Carta de Beethoven ao editor Hofmeister, 8 de abril de 1802 (*apud* Massin, Jean e Brigitte, *Beethoven, op. cit.*)
15. *Apud* Schindler, *Histoire de la vie..., op. cit.*

O TEMPO DA *EROICA*

1. Georg Wilhelm Friedrich Hegel *apud* Löwitz, Karl. *De Hegel à Nietzsche*. Paris: Gallimard, 1980.
2. *Apud* Schindler, *Histoire de la vie..., op. cit.*
3. *Ibid.*
4. Beethoven, *Lettres, op. cit.*
5. Ries; Wegeler, *Notices biographiques..., op. cit.*
6. Solomon, *Beethoven, op. cit.*

A "NOVELA" *FIDELIO*

1. Beethoven, *Lettres, op. cit.*
2. Solomon, *Beethoven, op. cit.*
3. Beethoven, *Lettres, op. cit.*
4. *Ibid.*
5. Ries; Wegeler, *Notices biographiques..., op. cit.*
6. *Ibid.*
7. *Ibid.*
8. *Ibid.*
9. *Ibid.*
10. Beethoven, *Lettres, op. cit.*

RUPTURAS

1. Solomon, *Beethoven, op. cit.*
2. *Apud* Massin, Jean e Brigitte, *Beethoven, op. cit.*
3. Beethoven *apud* Massin, Jean e Brigitte, *Beethoven, op. cit.*
4. *Apud* Brisson, *Guide de la musique..., op. cit.*
5. Ries; Wegeler, *Notices biographiques..., op. cit.*
6. Brisson, *Guide de la musique..., op. cit.*
7. Ries; Wegeler, *Notices biographiques..., op. cit.*
8. Beethoven, *Lettres, op. cit.*
9. *Ibid.*
10. *Ibid.*
11. Beethoven *apud* Solomon, *Beethoven, op. cit.*
12. Evene. *Dictionnaire des citations en ligne*.
13. Beethoven, *Les Cahiers de conversation (1819-1827), op. cit.*

14. No periódico semanal dedicado à música *Allgemeine Musikalische Zeitung*, 1813.
15. BEETHOVEN, *Lettres*, op. cit.
16. *Apud* MASSIN, Jean e Brigitte, *Beethoven*, op. cit.

UMA APOTEOSE

1. BEETHOVEN, *Lettres*, op. cit.
2. RIES; WEGELER, *Notices biographiques...*, op. cit.
3. HOFFMANN, Ernst Theodor Amadeus. *Écrits sur la musique.* Paris: L'Âge d'homme, 1990.
4. *Ibid.*
5. RIES; WEGELER, *Notices biographiques...*, op. cit.
6. *Ibid.*
7. *Ibid.*
8. DEBUSSY, Claude. *Monsieur Croche.* Paris: Gallimard, 1927.

DIAS DE GUERRA

1. BEETHOVEN, *Lettres*, op. cit.
2. *Ibid.*
3. *Apud* SCHINDLER, *Histoire de la vie...*, op. cit.
4. BEETHOVEN, *Lettres*, op. cit.

BETTINA E GOETHE

1. ARNIM, Bettina von. *Correspondance de Bettina et de Goethe.* Paris: Gallimard, 1942.
2. *Ibid.*
3. BEETHOVEN, *Lettres*, op. cit.
4. *Ibid.*
5. *Ibid.*
6. *Ibid.*
7. GOETHE, Johann Wolfgang Von; ZELTER, Carl Friedrich. *Briefwechsel zwischen Goethe und Zelter (1799-1852).* Nuremberg: Verlag Hans Carl, 1949.
8. *Ibid.*
9. ARNIM, *Correspondance...*, op. cit.
10. *Ibid.*
11. BEETHOVEN, *Lettres*, op. cit..
12. *Ibid.*
13. *Apud* MASSIN, Jean e Brigitte, *Beethoven*, op. cit.

A Bem-Amada Imortal

1. Ense, Karl-August Varnhagen von. *Obras escolhidas*. Leipzig: 1887. (*apud* Massin, Jean e Brigitte, *Beethoven, op. cit.*)
2. Beethoven, *Lettres, op. cit.*
3. *Ibid.*
4. *Ibid.*
5. *Ibid.*
6. *Apud* Massin, Jean e Brigitte, *Beethoven, op. cit.*
7. Schindler, *Histoire de la vie..., op. cit.*
8. *Apud* Massin, Jean e Brigitte, *Beethoven, op. cit.*
9. Relatado por Schindler, *Histoire de la vie..., op. cit.*

Depressão

1. Beethoven, *Les Cahiers de conversation (1819-1827), op. cit.*
2. *Ibid.*
3. Beethoven, *Lettres, op. cit.*
4. Beethoven, *Les Cahiers de conversation (1819-1827), op. cit.*
5. *Ibid.*
6. Schindler, *Histoire de la vie..., op. cit.*

Karl

1. Beethoven, *Lettres, op. cit.*
2. Beethoven, *Les Cahiers de conversation (1819-1827), op. cit.*
3. Carta de Beethoven a Giannattasio, 1º de fevereiro de 1816 (*apud* Solomon, *Beethoven, op. cit.*).
4. Beethoven, *Lettres, op. cit.*
5. Giannattasio del Rio, Fanny. *Journal.* In: Tablettes de la Schola, nov. 1912-jun. 1913.
6. *Ibid.*
7. Beethoven, Ludwig van. *Carnets intimes*. Paris: Buchet/Chastel, 1977.
8. *Ibid.*
9. Beethoven, *Lettres, op. cit.*
10. Giannattasio del Rio, *Journal..., op. cit.*
11. *Ibid.*
12. Beethoven, *Lettres, op. cit.*
13. *Ibid.*
14. Sartre, Jean-Paul. *Les Mots*. Paris: Gallimard, 1964.
15. Beethoven, *Lettres, op. cit.*
16. *Ibid.*
17. *Ibid.*
18. *Ibid.*

19. *Ibid.*
20. *Ibid.*
21. *Ibid.*
22. *Apud* SOLOMON, *Beethoven, op. cit.*

UMA MISSA PARA A HUMANIDADE

1. BEETHOVEN, *Carnets intimes, op. cit.*
2. BAUDELAIRE, Charles. *Les Fleurs du mal.* Paris: Gallimard, 2005.
3. SCHINDLER, *Histoire de la vie..., op. cit.*
4. ROSEN, Charles. *Le Style classique.* Paris: Gallimard, 2000.
5. BEETHOVEN, *Lettres, op. cit.*
6. *Ibid.*
7. BEETHOVEN, *Carnets intimes, op. cit.*
8. ROLLAND, Romain. *Credo quia verum.* In: *Le Cloître de la rue d'Ulm* (1886-1889), *Cahiers Romain Rolland nº 4.* Paris: Albin Michel, 1952.
9. BRISSON, *Guide de la musique..., op. cit.*
10. SOLOMON, *Beethoven, op. cit.*
11. BEETHOVEN, *Lettres, op. cit.*
12. STRICKER, Rémy. *Le dernier Beethoven.* Paris: Gallimard, 2001.
13. SOLOMON, *Beethoven, op. cit.*
14. CORTOT, Alfred. *Cours d'interprétation.* Genebra: Slatkine, 1980.
15. ROLLAND, *Credo quia verum, op. cit.*
16. Carta de Friedrich Rochlitz a Härtel, 9 de julho de 1822, publicada em suas *Memórias* (*apud* MASSIN, Jean e Brigitte, *Beethoven, op. cit.*).

A NONA SINFONIA

1. SCHINDLER, *Histoire de la vie..., op. cit.*
2. *Apud* FORBES (ed.), *Thayer's Life..., op. cit.*
3. BEETHOVEN, *Carnets intimes, op. cit.*
4. BEETHOVEN, *Lettres, op. cit.*
5. OLLIVIER, Daniel (ed.). *Correspondance de Liszt et de sa fille madame Émile Ollivier.* Paris: Grasset, 1936.
6. BEETHOVEN, *Lettres, op. cit.*
7. *Ibid.*
8. *Ibid.*
9. *Ibid.*
10. BUCH, Esteban. *La Neuvième Symphonie de Beethoven, une histoire politique.* Paris: Gallimard, 1999.
11. DEBUSSY, *Monsieur Croche, op. cit.*
12. Carta entregue a Beethoven em fevereiro de 1824 (apud MASSIN, Jean e Brigitte, *Beethoven, op. cit.*).

CANTOS DO CISNE

1. *Apud* MASSIN, Jean e Brigitte, *Beethoven*, *op. cit.*
2. BEETHOVEN, *Lettres*, *op. cit.*
3. *Ibid.*
4. *Ibid.*
5. *Ibid.*
6. ANSERMET, Ernest. *Les Fondements de la musique dans la conscience humaine – et autres récits*. Paris: Laffont, 1989.
7. RIES; WEGELER, *Notices biographiques...*, *op. cit.*
8. BEETHOVEN, *Lettres*, *op. cit.*
9. *Apud* BUCHET, *Beethoven, légendes...*, *op. cit.*
10. *Gazeta Musical de Leipzig,* março de 1826.
11. BEETHOVEN, *Lettres*, *op. cit.*

MATAR O PAI

1. BRISSON, *Guide de la musique...*, *op. cit.*
2. KUNDERA, Milan. *L'Insoutenable Légèreté de l'être*. Paris: Gallimard, 1984. (Nova edição revista pelo autor em 2007)
3. *Apud* MASSIN, Jean e Brigitte, *Beethoven*, *op. cit.*
4. BEETHOVEN *apud* MASSIN, Jean e Brigitte, *Beethoven*, *op. cit.*
5. BEETHOVEN, *Lettres*, *op. cit.*
6. *Ibid.*

ÚLTIMO COMBATE

1. SOLOMON, *Beethoven*, *op. cit.*
2. BREUNING, *Memories of Beethoven*, *op. cit.*
3. SOLOMON, *Beethoven*, *op. cit.*
4. Carta de Beethoven a Bach, 3 de janeiro de 1827 (*apud* MASSIN, Jean e Brigitte, *Beethoven*, *op. cit.*).
5. Carta de Beethoven a Zmeskall, 18 de fevereiro de 1827 (*apud* MASSIN, Jean e Brigitte, *Beethoven*, *op. cit.*).
6. BREUNING, *Memories of Beethoven*, *op. cit.*
7. *Idem.*
8. SOLOMON, *Beethoven*, *op. cit.*
9. BREUNING, *Memories of Beethoven*, *op. cit.*
10. SOLOMON, *Beethoven*, *op. cit.*

Sobre o autor

Bernard Fauconnier publicou seu primeiro romance, que chamou muita atenção, em 1989, intitulado *L'Être et le Géant*, a história de um encontro imaginário entre Jean-Paul Sartre e Charles de Gaulle (Régine Deforges, reed. Éditions des Syrtes, 2000). Desde então, escreveu vários outros livros: *Moyen exil* (Régine Deforges, 1991), *L'Incendie de la Sainte-Victoire* (Grasset, 1995), *Kairos* (Grasset, 1997) e *Esprits de famille* (Grasset, 2003). Cronista e ensaísta *(Athée grâce à Dieu,* Desclée de Brouwer, 2005), ele é colaborador da revista *Magazine littéraire*. Atualmente, mora na região de Aix-en-Provence.

Coleção L&PM POCKET (Lançamentos mais recentes)

1057. **Pré-história** – Chris Gosden
1058. **Pintou sujeira!** – Mauricio de Sousa
1059. **Contos de Mamãe Gansa** – Charles Perrault
1060. **A interpretação dos sonhos: vol. 1** – Freud
1061. **A interpretação dos sonhos: vol. 2** – Freud
1062. **Frufru Rataplã Dolores** – Dalton Trevisan
1063. **As melhores histórias da mitologia egípcia** – Carmem Seganfredo e A.S. Franchini
1064. **Infância. Adolescência. Juventude** – Tolstói
1065. **As consolações da filosofia** – Alain de Botton
1066. **Diários de Jack Kerouac – 1947-1954**
1067. **Revolução Francesa – vol. 1** – Max Gallo
1068. **Revolução Francesa – vol. 2** – Max Gallo
1069. **O detetive Parker Pyne** – Agatha Christie
1070. **Memórias do esquecimento** – Flávio Tavares
1071. **Drogas** – Leslie Iversen
1072. **Manual de ecologia (vol.2)** – J. Lutzenberger
1073. **Como andar no labirinto** – Affonso Romano de Sant'Anna
1074. **A orquídea e o serial killer** – Juremir Machado da Silva
1075. **Amor nos tempos de fúria** – Lawrence Ferlinghetti
1076. **A aventura do pudim de Natal** – Agatha Christie
1078. **Amores que matam** – Patricia Faur
1079. **Histórias de pescador** – Mauricio de Sousa
1080. **Pedaços de um caderno manchado de vinho** – Bukowski
1081. **A ferro e fogo: tempo de solidão (vol.1)** – Josué Guimarães
1082. **A ferro e fogo: tempo de guerra (vol.2)** – Josué Guimarães
084(17). **Desembarcando o Alzheimer** – Dr. Fernando Lucchese e Dra. Ana Hartmann
1085. **A maldição do espelho** – Agatha Christie
1086. **Uma breve história da filosofia** – Nigel Warburton
1088. **Heróis da História** – Will Durant
1089. **Concerto campestre** – L. A. de Assis Brasil
1090. **Morte nas nuvens** – Agatha Christie
1092. **Aventura em Bagdá** – Agatha Christie
1093. **O cavalo amarelo** – Agatha Christie
1094. **O método de interpretação dos sonhos** – Freud
1095. **Sonetos de amor e desamor** – Vários
1096. **120 tirinhas do Dilbert** – Scott Adams
1097. **200 fábulas de Esopo**
1098. **O curioso caso de Benjamin Button** – F. Scott Fitzgerald
1099. **Piadas para sempre: uma antologia para morrer de rir** – Visconde da Casa Verde
100. **Hamlet (Mangá)** – Shakespeare
101. **A arte da guerra (Mangá)** – Sun Tzu
104. **As melhores histórias da Bíblia (vol.1)** – A. S. Franchini e Carmen Seganfredo
105. **As melhores histórias da Bíblia (vol.2)** – A. S. Franchini e Carmen Seganfredo
1106. **Psicologia das massas e análise do eu** – Freud
1107. **Guerra Civil Espanhola** – Helen Graham
1108. **A autoestrada do sul e outras histórias** – Julio Cortázar
1109. **O mistério dos sete relógios** – Agatha Christie
1110. **Peanuts: Ninguém gosta de mim... (amor)** – Charles Schulz
1111. **Cadê o bolo?** – Mauricio de Sousa
1112. **O filósofo ignorante** – Voltaire
1113. **Totem e tabu** – Freud
1114. **Filosofia pré-socrática** – Catherine Osborne
1115. **Desejo de status** – Alain de Botton
1118. **Passageiro para Frankfurt** – Agatha Christie
1120. **Kill All Enemies** – Melvin Burgess
1121. **A morte da sra. McGinty** – Agatha Christie
1122. **Revolução Russa** – S. A. Smith
1123. **Até você, Capitu?** – Dalton Trevisan
1124. **O grande Gatsby (Mangá)** – F. S. Fitzgerald
1125. **Assim falou Zaratustra (Mangá)** – Nietzsche
126. **Peanuts: É para isso que servem os amigos (amizade)** – Charles Schulz
1127(27). **Nietzsche** – Dorian Astor
1128. **Bidu: Hora do banho** – Mauricio de Sousa
1129. **O melhor do Macanudo Taurino** – Santiago
1130. **Radicci 30 anos** – Iotti
1131. **Show de sabores** – J.A. Pinheiro Machado
1132. **O prazer das palavras** – vol. 3 – Cláudio Moreno
1133. **Morte na praia** – Agatha Christie
1134. **O fardo** – Agatha Christie
1135. **Manifesto do Partido Comunista (Mangá)** – Marx & Engels
1136. **A metamorfose (Mangá)** – Franz Kafka
1137. **Por que você não se casou... ainda** – Tracy McMillan
1138. **Textos autobiográficos** – Bukowski
1139. **A importância de ser prudente** – Oscar Wilde
1140. **Sobre a vontade na natureza** – Arthur Schopenhauer
1141. **Dilbert (8)** – Scott Adams
1142. **Entre dois amores** – Agatha Christie
1143. **Cipreste triste** – Agatha Christie
1144. **Alguém viu uma assombração?** – Mauricio de Sousa
1145. **Mandela** – Elleke Boehmer
1146. **Retrato do artista quando jovem** – James Joyce
1147. **Zadig ou o destino** – Voltaire
1148. **O contrato social (Mangá)** – J.-J. Rousseau
1149. **Garfield fenomenal** – Jim Davis
1150. **A queda da América** – Allen Ginsberg
1151. **Música na noite & outros ensaios** – Aldous Huxley
1152. **Poesias inéditas & Poemas dramáticos** – Fernando Pessoa
1153. **Peanuts: Felicidade é...** – Charles M. Schulz
1154. **Mate-me por favor** – Legs McNeil e Gillian McCain

1155. **Assassinato no Expresso Oriente** – Agatha Christie
1156. **Um punhado de centeio** – Agatha Christie
1157. **A interpretação dos sonhos (Mangá)** – Freud
1158. **Peanuts: Você não entende o sentido da vida** – Charles M. Schulz
1159. **A dinastia Rothschild** – Herbert R. Lottman
1160. **A Mansão Hollow** – Agatha Christie
1161. **Nas montanhas da loucura** – H.P. Lovecraft
1162. (28). **Napoleão Bonaparte** – Pascale Fautrier
1163. **Um corpo na biblioteca** – Agatha Christie
1164. **Inovação** – Mark Dodgson e David Gann
1165. **O que toda mulher deve saber sobre os homens: a afetividade masculina** – Walter Riso
1166. **O amor está no ar** – Mauricio de Sousa
1167. **Testemunha de acusação & outras histórias** – Agatha Christie
1168. **Etiqueta de bolso** – Celia Ribeiro
1169. **Poesia reunida (volume 3)** – Affonso Romano de Sant'Anna
1170. **Emma** – Jane Austen
1171. **Que seja em segredo** – Ana Miranda
1172. **Garfield sem apetite** – Jim Davis
1173. **Garfield: Foi mal...** – Jim Davis
1174. **Os irmãos Karamázov (Mangá)** – Dostoiévski
1175. **O Pequeno Príncipe** – Antoine de Saint-Exupéry
1176. **Peanuts: Ninguém mais tem o espírito aventureiro** – Charles M. Schulz
1177. **Assim falou Zaratustra** – Nietzsche
1178. **Morte no Nilo** – Agatha Christie
1179. **Ê, soneca boa** – Mauricio de Sousa
1180. **Garfield a todo o vapor** – Jim Davis
1181. **Em busca do tempo perdido (Mangá)** – Proust
1182. **Cai o pano: o último caso de Poirot** – Agatha Christie
1183. **Livro para colorir e relaxar** – Livro 1
1184. **Para colorir sem parar**
1185. **Os elefantes não esquecem** – Agatha Christie
1186. **Teoria da relatividade** – Albert Einstein
1187. **Compêndio da psicanálise** – Freud
1188. **Visões de Gerard** – Jack Kerouac
1189. **Fim de verão** – Mohiro Kitoh
1190. **Procurando diversão** – Mauricio de Sousa
1191. **E não sobrou nenhum e outras peças** – Agatha Christie
1192. **Ansiedade** – Daniel Freeman & Jason Freeman
1193. **Garfield: pausa para o almoço** – Jim Davis
1194. **Contos do dia e da noite** – Guy de Maupassant
1195. **O melhor de Hagar 7** – Dik Browne
1196. (29). **Lou Andreas-Salomé** – Dorian Astor
1197. (30). **Pasolini** – René de Ceccatty
1198. **O caso do Hotel Bertram** – Agatha Christie
1199. **Crônicas de motel** – Sam Shepard
1200. **Pequena filosofia da paz interior** – Catherine Rambert
1201. **Os sertões** – Euclides da Cunha
1202. **Treze à mesa** – Agatha Christie
1203. **Bíblia** – John Riches
1204. **Anjos** – David Albert Jones
1205. **As tirinhas do Guri de Uruguaiana 1** – Jair Kobe
1206. **Entre aspas (vol.1)** – Fernando Eichenberg
1207. **Escrita** – Andrew Robinson
1208. **O spleen de Paris: pequenos poemas em prosa** – Charles Baudelaire
1209. **Satíricon** – Petrônio
1210. **O avarento** – Molière
1211. **Queimando na água, afogando-se na chama** – Bukowski
1212. **Miscelânea septuagenária: contos e poemas** – Bukowski
1213. **Que filosofar é aprender a morrer e outros ensaios** – Montaigne
1214. **Da amizade e outros ensaios** – Montaigne
1215. **O medo à espreita e outras histórias** – H.P. Lovecraft
1216. **A obra de arte na era de sua reprodutibilidade técnica** – Walter Benjamin
1217. **Sobre a liberdade** – John Stuart Mill
1218. **O segredo de Chimneys** – Agatha Christie
1219. **Morte na rua Hickory** – Agatha Christie
1220. **Ulisses (Mangá)** – James Joyce
1221. **Ateísmo** – Julian Baggini
1222. **Os melhores contos de Katherine Mansfield** – Katherine Mansfied
1223. (31). **Martin Luther King** – Alain Foix
1224. **Millôr Definitivo: uma antologia de *A Bíblia do Caos*** – Millôr Fernandes
1225. **O Clube das Terças-Feiras e outras histórias** – Agatha Christie
1226. **Por que sou tão sábio** – Nietzsche
1227. **Sobre a mentira** – Platão
1228. **Sobre a leitura *seguido do* Depoimento de Céleste Albaret** – Proust
1229. **O homem do terno marrom** – Agatha Christie
1230. (32). **Jimi Hendrix** – Franck Médioni
1231. **Amor e amizade e outras histórias** – Jane Austen
1232. **Lady Susan, Os Watson e Sanditon** – Jane Austen
1233. **Uma breve história da ciência** – William Bynum
1234. **Macunaíma: o herói sem nenhum caráter** – Mário de Andrade
1235. **A máquina do tempo** – H.G. Wells
1236. **O homem invisível** – H.G. Wells
1237. **Os 36 estratagemas: manual secreto da arte da guerra** – Anônimo
1238. **A mina de ouro e outras histórias** – Agatha Christie
1239. **Pic** – Jack Kerouac
1240. **O habitante da escuridão e outros contos** – H.P. Lovecraft
1241. **O chamado de Cthulhu e outros contos** – H.P. Lovecraft
1242. **O melhor de Meu reino por um cavalo!** – Edição de Ivan Pinheiro Machado

243. **A guerra dos mundos** – H.G. Wells
244. **O caso da criada perfeita e outras histórias** – Agatha Christie
245. **Morte por afogamento e outras histórias** – Agatha Christie
246. **Assassinato no Comitê Central** – Manuel Vázquez Montalbán
247. **O papai é pop** – Marcos Piangers
248. **O papai é pop 2** – Marcos Piangers
249. **A mamãe é rock** – Ana Cardoso
250. **Paris boêmia** – Dan Franck
251. **Paris libertária** – Dan Franck
252. **Paris ocupada** – Dan Franck
253. **Uma anedota infame** – Dostoiévski
254. **O último dia de um condenado** – Victor Hugo
255. **Nem só de caviar vive o homem** – J.M. Simmel
256. **Amanhã é outro dia** – J.M. Simmel
257. **Mulherzinhas** – Louisa May Alcott
258. **Reforma Protestante** – Peter Marshall
259. **História econômica global** – Robert C. Allen
260(33). **Che Guevara** – Alain Foix
261. **Câncer** – Nicholas James
262. **Akhenaton** – Agatha Christie
263. **Aforismos para a sabedoria de vida** – Arthur Schopenhauer
264. **Uma história do mundo** – David Coimbra
265. **Ame e não sofra** – Walter Riso
266. **Desapegue-se!** – Walter Riso
267. **Os Sousa: Uma família do barulho** – Mauricio de Sousa
268. **Nico Demo: O rei da travessura** – Mauricio de Sousa
269. **Testemunha de acusação e outras peças** – Agatha Christie
270(34). **Dostoiévski** – Virgil Tanase
271. **O melhor de Hagar 8** – Dik Browne
272. **O melhor de Hagar 9** – Dik Browne
273. **O melhor de Hagar 10** – Dik e Chris Browne
274. **Considerações sobre o governo representativo** – John Stuart Mill
275. **O homem Moisés e a religião monoteísta** – Freud
276. **Inibição, sintoma e medo** – Freud
277. **Além do princípio de prazer** – Freud
278. **O direito de dizer não!** – Walter Riso
279. **A arte de ser flexível** – Walter Riso
280. **Casados e descasados** – August Strindberg
281. **Da Terra à Lua** – Júlio Verne
282. **Minhas galerias e meus pintores** – Kahnweiler
283. **A arte do romance** – Virginia Woolf
284. **Teatro completo v. 1: As aves da noite** *seguido de* **O visitante** – Hilda Hilst
285. **Teatro completo v. 2: O verdugo** *seguido de* **A morte do patriarca** – Hilda Hilst
286. **Teatro completo v. 3: O rato no muro** *seguido de* **Auto da barca de Camiri** – Hilda Hilst
287. **Teatro completo v. 4: A empresa** *seguido de* **O novo sistema** – Hilda Hilst

1288. **Sapiens: Uma breve história da humanidade** – Yuval Noah Harari
1289. **Fora de mim** – Martha Medeiros
1290. **Divã** – Martha Medeiros
1291. **Sobre a genealogia da moral: um escrito polêmico** – Nietzsche
1292. **A consciência de Zeno** – Italo Svevo
1293. **Células-tronco** – Jonathan Slack
1294. **O fim do ciúme e outros contos** – Proust
1295. **A jangada** – Júlio Verne
1296. **A ilha do dr. Moreau** – H.G. Wells
1297. **Ninho de fidalgos** – Ivan Turguêniev
1298. **Jane Eyre** – Charlotte Brontë
1299. **Sobre gatos** – Bukowski
1300. **Sobre o amor** – Bukowski
1301. **Escrever para não enlouquecer** – Bukowski
1302. **222 receitas** – J. A. Pinheiro Machado
1303. **Reinações de Narizinho** – Monteiro Lobato
1304. **O Saci** – Monteiro Lobato
1305. **Memórias da Emília** – Monteiro Lobato
1306. **O Picapau Amarelo** – Monteiro Lobato
1307. **A reforma da Natureza** – Monteiro Lobato
1308. **Fábulas** *seguido de* **Histórias diversas** – Monteiro Lobato
1309. **Aventuras de Hans Staden** – Monteiro Lobato
1310. **Peter Pan** – Monteiro Lobato
1311. **Dom Quixote das crianças** – Monteiro Lobato
1312. **O Minotauro** – Monteiro Lobato
1313. **Um quarto só seu** – Virginia Woolf
1314. **Sonetos** – Shakespeare
1315(35). **Thoreau** – Marie Berthoumieu e Laura El Makki
1316. **Teoria da arte** – Cynthia Freeland
1317. **A arte da prudência** – Baltasar Gracián
1318. **O louco** *seguido de* **Areia e espuma** – Khalil Gibran
1319. **O profeta** *seguido de* **O jardim do profeta** – Khalil Gibran
1320. **Jesus, o Filho do Homem** – Khalil Gibran
1321. **A luta** – Norman Mailer
1322. **Sobre o sofrimento do mundo e outros ensaios** – Schopenhauer
1323. **Epidemiologia** – Rodolfo Saracci
1324. **Japão moderno** – Christopher Goto-Jones
1325. **A arte da meditação** – Matthieu Ricard
1326. **O adversário secreto** – Agatha Christie
1327. **Pollyanna** – Eleanor H. Porter
1328. **Espelhos** – Eduardo Galeano
1329. **A Vênus das peles** – Sacher-Masoch
1330. **O 18 de brumário de Luís Bonaparte** – Karl Marx
1331. **Um jogo para os vivos** – Patricia Highsmith
1332. **A tristeza pode esperar** – J.J. Camargo
1333. **Vinte poemas de amor e uma canção desesperada** – Pablo Neruda
1334. **Judaísmo** – Norman Solomon
1335. **Esquizofrenia** – Christopher Frith & Eve Johnstone
1336. **Seis personagens em busca de um autor** – Luigi Pirandello

lepmeditores
www.lpm.com.br
o site que conta tudo

IMPRESSÃO:

PALLOTTI
GRÁFICA

Santa Maria - RS | Fone: (55) 3220.4500
www.graficapallotti.com.br